메이지 유신

다나카 아키라 지음 | 김정희 옮김

일러두기

1. 이 책은 국립국어원 외래어 표기법에 따라 외국 지명과 인명 및 상호명을 표기하였다.

2. 역자의 주석은 페이지 하단에 각주로 표기하거나, 본문의 ( )안에 '-역주' 형태로 표기했다.

3. 서적 제목은 겹낫표(『 』)로 표시하였으며, 그 외 인용, 강조, 생각 등은 따옴표를 사용하였다.
   예) 『메이지세상백화』, 『민권자유론』, 『문명개화』

4. 이 책은 산돌과 Noto Sans 서체를 이용하여 제작되었다.

목차

프롤로그

말보다 긴 얼굴

메이지 유신明治維新(1868년)이라고 하면 사카모토 료마坂本龍馬와 다카스기 신사쿠高杉晋作, 또는 유신 삼걸이라고 불리는 기도 다카요시木戶孝允(가쓰라 고고로[桂小五郎]), 사이고 다카모리西鄕隆盛, 오쿠보 도시미치大久保利通의 이름을 떠올리는 사람이 많을 것입니다.

막부幕府 말기에는 많은 유능한 젊은이들이 역사의 무대에 등장해서 뜻을 세워 변혁에 몸을 던졌습니다. 이것은 유신에 의한 변혁이 격렬했던 것을 의미하는 동시에 역사가 만들어진 무게에 대해서 이야기하고 있습니다.

다음과 같은 우스꽝스러운 노래가 있습니다.

이건 어때. 세상은 거꾸로 되어버렸어. 탄 사람보다 말의 얼굴이 둥글어.

다카스기 신사쿠(도쿄기념관[東行記念館] 소장)

이것은 다카스기 신사쿠에 대해서 노래한 것으로, 남아 있는 신사쿠의 사진을 보면 그의 얼굴은 굉장히 깁니다(막부의 신하인 나루시마 류호쿠[成島柳北]가 부른 것이라는 설도 있습니다. 류호쿠가 부른 것이라고 한다면 뉘앙스는 약간 달라집니다). 말에 탄 신사쿠의 얼굴보다도 말의 얼굴이 둥글게 보인다고 하여 하늘과 땅을 뒤바꾼, 혁명과 같은 메이지 유신의 모습을 풍자한 것입니다.

이것을 역사학적 관점에서 말하자면 막번체제幕藩体制(에도시대[江戸時代, 1603~1868] 일본사회의 구조로, 에도막부와 번[藩]이라는 봉건적 영주제로 이루어진 체제-역주)의 사회에서 근대 자본주의 시대로 사회의 구조와 사회관이 완전히 바뀌는 출발점에 메이지 유신이 있다는 것을 의미합니다.

세계사 속의 메이지 유신

　유신변혁을 통한 새로운 국가 만들기를 목표로 하여 미국과 유럽의 근대 국가의 실태를 자신들의 눈으로 정확히 바라보려고 한 집단이 메이지 초기에 요코하마横浜 항구를 출발했습니다. 바로 이와쿠라岩倉 사절단입니다(제4장 참조).

　그들이 귀국 후에 작성한 보고서인『특명전권대사 미구회람실기特命全權大使米欧回覧実記』(이하『미구회람실기』라고 약칭함)의 서두「예언例言」(날짜는 1876[메이지9]년 1월)에서는 다음과 같이 기록하고 있습니다.

　'메이지 중흥의 정치', 즉 메이지 유신은 '지금까지 없었던 미증유의 변혁'이라고 합니다. 왜 그럴까요?

　변혁의 첫 번째는 쇼군將軍의 권력에서 천황天皇이 직접 정치를 하는 '친재親裁'로 바뀐 것, 두 번째는 각 번藩의 '분치分治'에서 '통일정치'가 된 것, 세 번째는 '쇄국'에서 '개국'으로 체제가 바뀐 것이라고 서술하고 있습니다. 그리고 다음과 같은 문장이 이어집니다.

이 세 개의 변혁 중에서 단 하나를 실현하는 것조차 쉽지 않은데 앞의 세 개를 동시에 실현한 것은 '바로 지금 상황을 완전히 바꿀 수 있는 운'이 도래해서 '인간의 힘이 아니라' '하늘의 힘'으로 이룬 것이라고 합니다. 이것이 의미하는 바는 다음의 문장에서 보다 명확해집니다.

'그럴 만한 점을 잘 생각해보면 세계의 기운의 변화에 의해 촉진된 것이다.'

이 정도의 대변혁이 어떻게 이루어졌는가를 곰곰이 생각해보면 세계가 변화해가는 기운에 자극을 받아 촉진되었기 때문이라고 할 수 있을 것입니다.

이것은 19세기 후반의 세계사의 변혁이라는 조류 속에 메이지 유신이 자리잡고 있다는 것을 의미하는 것입니다. 이 「예언」이 독일과 이탈리아에 대해서 언급하고 있는 것은 일본의 폐번치현廃藩置県(1871년에 시행된 지방제도의 개혁으로 전국의 번을 없애고 부현[府県]을 설치하여 중앙집권화를 이룬 것-역주)과 독일 제국이 성립된 해가 동일한 1871(메이지4)년이고, 이탈리아의 통일(1870년)도 거의 같은 시기에 이루어졌다는 것을 의식하고 있기 때문입니다.

메이지 유신의 리더들이 작성한 구미회람의 보고서가 이와 같은 관점을 가지고 있던 것은 바로 그들 자신이 바뀌어 가는 세계의 흐름 속에 있으면서 그 흐름의 방향을 자각하고 유신의 변혁을 수행하려고 했기 때문입니다.

본서에서는 지금부터 메이지 유신에 대해서 살펴보겠습니다. 이때 세계 속에서의 메이지 유신, 아시아 속에서의 메이지 유신이라는 시점에서 바라보는 것은 당연한 것입니다. 아니, 당연하다기보다 역사학적으로, 객관적으로 메이지 유신을 보려고 한다면 그것은 반드시 필요한 것입니다.

메이지 유신은 언제부터 언제까지인가?

연표를 살펴보면 1868(메이지원)년에 메이지 유신이라고 적혀있습니다. 이것은 도쿠가와막부德川幕府가 멸망하고 메이지 정부가 성립된 것을 보여주는데 메이지 유신이라는 일대 변혁이 단 1년 만에 이루어질 리는 없습니다.

그럼 메이지 유신이란 언제부터 언제까지일까요?

이 점에 대해서는 다양한 견해가 있습니다. 이것은 메이지 유신을 어떻게 파악하는가라는 유신에 대한 관점과 관련이 있습니다.

본서에서는 개국의 계기가 된 1853(가에이[嘉永]6)년(페리 내항)부터 메이지 헌법체제가 성립된 1889~1890(메이지22~23)년까지를 그 범위로 생각하고 있습니다. 그 이유에 대해서 간단히 설명해 두고자 합니다.

여기에서 말하는 개국은 단순히 페리의 '흑선黑船'이 일본에 온 것을 의미하는 것이 아닙니다. 이미 1830년대 덴포기天保期(1830~1844년)부터 막번체제의 모순은 전국적으로 그 넓이와 깊이를 더해가고 표면적으로도 드러나기 시작했습니다. 이것이 페리 내항이라는 외압과 결부됨으로써 결정적인 계기가 됩니다. 국내적인 모순과 국제적인 조건이 뒤얽혀 1853년이 유신변혁의 기점이 되었다고 보는 것입니다.

그럼 종착점을 왜 1889~1890년으로 보는 것일까요?

유신에 의해 일단 일본이 통일되고 자유민권운동을 거쳐 이 무렵에 아시아의 근대 국가로서 메이지 헌법체제(천황제 국가)가 완성되었다고 보기 때문입니다. 즉 1889(메이지22)년에 대일본제국헌법大日本帝國憲法을 제정한 것, 이듬해인 1890년에 교육칙어敎育勅語를 발포함으로써 근대 국가의 법체계와 이데올로기가 정비되어 메이지 유신이 끝났다고 보는 것입니다.

본서의 의도

본서는 19세기 후반 세계사의 흐름 속에서 일본의 개국을 어떻게 설정해야 하는가, 그리고 2세기 반이나 이어진 막부는 어떠한 역사적 상황과 정치적 논리에 의해서 멸망할 수밖에 없었는가라는 문제에 대해서 살펴보고, 막부가 무너진 후에 성립된 메이지 정치와 민중 사이에서는 어떤 문제 때문에 거리가 생겼는지, 또한 막부 말·유신기의 서민생활은 어땠는지에 대해서 살펴볼 것입니다.

나아가 유신을 주도한 리더들이 세계의 선진제국 가운데에서 일본이 근대 국가의 모델로 삼을 선택지에 대해서 어떠한 고민을 했는지, 귀국 후 고양되기 시작한 자유민권운동에 어떻게 대처했는지에 대해서 살펴보겠습니다. 또한 민권운동은 무엇을 목표로 삼았는가, 메이지 헌법체제는 메이지 유신의 도달점이라고 하는

데 그것은 대체 무엇을 의미하는가에 대해서 물어보겠
습니다.

　이러한 문제의식을 가지고 본서에서는 때로는 개개
의 역사적 사건을 깊이 파고들면서도 메이지 유신의 역
사적 절차는 어떤 것이었는지에 대해서 명백히 밝히려
고 했습니다.

지카하루(近晴) 그림 「무주조전원경(武州潮田遠景)」. 1854(안세이[安政]원)년에 페리함대가 다시 나타났을 때의 광경을 그린 것이라고 추측된다 (흑선관[黑船館] 소장).

제1장
개국이란 무엇인가?

1. 페리는 왜 왔는가?

'흑선'이 오다

　'흑선이 왔다. 흑선이 왔다. 녹슨 약연 같은 크고 작은 4척의 흑선, 갑작스럽게 소슈 조가사키相州城ヶ崎[1] 앞바다에 그 모습을 드러냈다, 때는 1853(가에이6)년 6월 3일 미시未時 상각上刻[2], 남풍이 낮잠의 꿈을 싣고 불어올 무렵에.'

　이것은 1915년에 나온 구마다 이조熊田葦城 저『막부와해사』(상·하) 서두 중 한 문장이다. 구마다는 그 이전에 전개되었던 서남웅번西南雄藩[3] 중심의 막부말기 유신사에 대해서 비판적인 입장이었기 때문에 막부와 아이즈번会津藩의 시점에서 이 책을 썼다. 이것은 막부 중심으로 막부말기의 역사를 저술한 후쿠치 겐이치로福地源一郎의『막부 흥망론』(1892년간)의 연장선상에서 쓴 막부말기 유신사라고도 할 수 있을 것이다.

---

1) 현 가나자와현[神奈川県] 미우라[三浦] 반도 남단에 위치한 섬
2) 2시간을 3등분 한 것 중 그 첫 번째 시간
3) 웅번이란 에도시대 세력이 강한 번을 일컫는데 서남웅번이라고 하면 특히 메이지 유신을 추진한 사쓰마[薩摩], 조슈[長州], 도사[土佐], 히젠[肥前]을 가리키는 경우가 많다

「북아메리카 합중국의 수군제독 페리의 초상」. 막부말기에 일본인이 그린 것
(가나가와현립[神奈川県立] 역사박물관 소장)

이 문장은 가에이6년 6월 3일(양력 1853년 7월 8일), 졸음을 몰고 오는 덥고 평화로운 일본의 오후 시간에 4척의 군함이 갑자기 에도만江戸湾 입구의 우라가浦賀에 거대한 그림자를 드리우자 일본인들이 아연실색하는 모습을 떠올리게 한다.

이것은 페리 내항에 대한 일반적인 묘사이다.

여기에서 말하는 '흑선'이란 근세초기부터 일본에 나타난 검은색의 외국 배를 의미한다. '녹슨 약연薬研(한약을 분말로 만드는 데 사용하는 배 모양의 기구)'과 같은 검은색을 한 큰 배에 사람들은 불길함을 느꼈던 것이다.

이 '흑선'은 그때까지 일본에서 태평양 연안뿐만 아니

라 동해 쪽에서도 가끔 출몰하고 있었다. 그러나 4척의 페리 함대의 위용이 사람들에게 준 쇼크는 너무나 컸다. 이후 '흑선'은 페리 함대의 대명사가 되었고 외압의 상징이 되었다. 일본인들에게 준 영향은 위 그림에서 묘사된 페리의 얼굴에서도 알 수 있다. 전체적으로 유머러스하게 묘사되어 있기는 하지만 어딘가 미지에 대한 두려움이 있고 반대로 다른 형상에 대한 신기함도 감돌고 있다. 그러나 전체적으로 유머러스하게 묘사되어 있다는 점에서 민중의 씩씩함도 엿볼 수 있는 것은 아닐까?

페리는 갑자기 온 것인가?

그런데 페리 내항은 서두의 한 문장이 인용한 것처럼 메이지 이후에 '흑선. 갑자기 나타나다'라는 표현으로 일반화되어 왔다. 그러나 과연 그럴까? 분명히 정보에서 소외되고 있던 서민에게는 '갑자기'였다. 그러나 막부 당국자는 일찍부터 알고 있었던 것으로 결코 '갑자기'는 아니었다.

이미 1844(고카[弘化]원)년에 네덜란드 국왕인 빌헬름 2세는 쇼군에게 친서를 보내서 산업혁명 이후에 일어난 유럽의 정세변화와 아시아를 향한 유럽의 세력진출, 특히 아편전쟁(후술)을 통해서 드러난 영국과 청나라와의 관계를 접하면서 막부의 쇄국정책을 개국으로 전환할 것을 촉구했다. 막부는 이듬해 이에 대해서 거부의 뜻을 밝히는 편지를 보냈다. 이 거부의사에 대해서 네덜란드는 일본의 무역을 독점하고 있었던 지금까지의 자신들의 기득권을 확인한 것이라고 해석했다. 그러나 1852(가에이5)년 5월에 미국의 대일파견 계획이 네덜란드 정부에 공식적으로 전달되자 다시 이 정보를 담은 「화란풍설서和蘭風說書」를 막부에 제출하고 일본이 네덜란드와 조약을 맺을 것을 제의했다. 그러나 막부는 이 제안도 거부했다.

막부는 외압에 대응하기 위해서 이미 1845(고카2)년 7월에 해방괘海防掛[4]를 설치했다.

해방괘는 로주老中[5]를 수석으로 하여 와카도시요리若年寄[6]·다이쇼메쓰케大小目付[7]·간조부교勘定奉行[8]·간조

---

4) 막부말기에 대외문제 처리와 이에 관한 국내정책의 입안, 해안 방어를 담당한 직책
5) 에도막부의 직제에서 최고의 지위·자격을 가진 집정관
6) 에도막부의 직책으로 로주 다음으로 중요한 중직
7) 무사의 위법을 감찰하던 직책
8) 막부 직할지에서 세입, 금전의 출납 등 막부의 재정과 영내 농민의 행정, 소송을 관장하는 직책

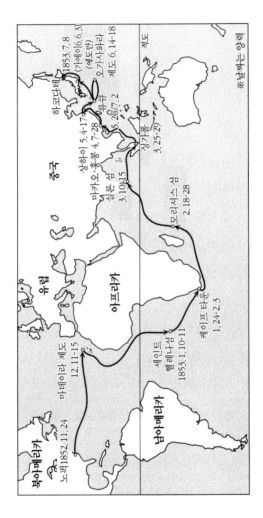

페리 함대의 항로. 함대는 1853(가에이 6)년 7월 17일(음력 6월 12일)에 에도만을 출발해서 류큐를 거쳐 홍콩으로 돌아갔으나 이듬해인 2월 13일(음력 1월 16일)에 포하탄호을 기함으로 해서 에도만에 다시 모습을 드러냈다.

※ 남북자는 양력

적도

아프리카

북아메리카
노퍽 1852.11.24

마데이라 제도
12.11-15

유럽

중국

상하이 5.4-17
마카오 홍콩 4.7-28
실론 섬
3.10-15

하코다테 1853.7.8
(가에이 6.6.3)
(에도만)
오가시와라
제도 6.14-18

류큐
5.26/7.2

싱가폴
3.25-20

모리셔스 섬
2.18-28

케이프 타운
1.24-2.3

세인트
헬레나 섬
1853.1.10-11

남아메리카

18

긴미야쿠勘定吟味役 등 막부 내의 유능한 인재를 임명했다. 이것은 1858(안세이5)년 7월에 가이코쿠부교外國奉行가 설치되기 전 약 13년 동안 막부의 해안방위정책에서 커다란 역할을 했다.

페리 함대와 아시아 전략

그러면 페리 함대는 어디에서 온 것인가? 세계 지도를 펼쳐보자(앞 페이지 지도 참조).

미국의 동해안에 노퍽이라는 항구가 있다. 페리가 탄 군함 미시시피호는 1852년 11월 24일(가에이5년 10월 13일)에 이곳을 출항하여 대서양을 동쪽으로 달려서 아프리카 서해안 바다에 있는 마데이라 제도에서 남하했다. 세인트헬레나섬, 아프리카 남단의 케이프타운(희망봉), 모리셔스섬, 실론섬, 그리고 싱가폴을 거쳐 이듬해 1853년 4월 7일에 중국의 홍콩으로 입항했다.

여기에서 먼저 도착한 동인도 함대와 합류하여 상하이에서 결집했다.

기함旗艦(함대의 군함 가운데 지휘관이 타고 있는 배-역주) 사스케하나호를 비롯한 미시시피호 등 4척의 군함을 이끈

것은 미국 동인도 함대 사령관이자 해군대장인 매튜 칼브레이스 페리Matthew Calbraith Perry(1794~1858)였다. 상하이를 출항한 이 함대는 곧장 일본으로 향한 것이 아니라 일단 류큐琉球(현 오키나와[沖縄] 섬 주변 지역-역주)에서 오가사와라제도小笠原諸島에 들려 다시 류큐로 돌아와 북상해서 일본으로 왔다.

페리 함대는 일본으로 오기 전에 왜 류큐에 들린 것일까? 페리는 일본이 개국에 동의하지 않을 경우에는 류큐를 기지로 삼으려고 계획하고 있었다. 그에게는 이들 섬을 점거하여 나하那覇 항구를 확보하는 것이 도의상으로도 정당한 것이고 긴급한 상황에서는 어쩔 수 없는 것이었다. 이것은 류큐를 사쓰마번薩摩藩(현 가고시마현[鹿児島県]과 미야자키현[宮崎県]의 일부에 해당하는 지역에 설치된 번)의 압제에서 해방시키는 것이자 일본의 개국을 자신들의 사명이라고 보았기 때문이다.

이러한 페리의 의도는 그가 미일화친조약이 체결(가나가와 조약, 1854[안세이원]년 3월 3일[양력 3월 31일]에 체결)된 2년 후에 쓴 의견서를 통해서 한층 명확하게 드러난다. 이 의견서는 미국의 정권교체(휘그당의 제13대 필모어 대통령에서 민주당의 제14대 피어스 대통령으로 교체)에 의해서 정부가 대외 진출에 소극적인 태도를 보이는 것에 대한 비판을 기조로 하고 있는데 여기에서는 그의 아시아 전략을 읽어낼 수 있다.

페리는 아시아에서 착실하게 지반을 굳히고 있었던 영국을 강하게 의식했다. 그렇기 때문에 영국이 아직 손을 뻗지 않은 일본과 중국 근해의 태평양 섬들을 서둘러서 미국의 세력 하에 넣어야 한다고 주장한 것이다. 대만도 미국 무역의 거점으로 생각했고, 일본과 류큐는 물론 중국 연안부의 고친차이나(베트남), 캄보디아, 샴(태국), 필리핀 등을 시야에 넣고 있었던 것이다.

이러한 아시아 전략의 측면에서 볼 때 일본은 북태평양에 걸쳐있는 중요한 열도였다. 그렇기 때문에 그는 류큐(오가사와라를 포함해서)와 함께 하코다테箱館(후의 하코다테[函館])도 중시했다. 이듬해(1854년) 다시 내항해서 미일화친조약을 맺자 페리는 하코다테를 방문했다. 이 지역이 북방의 군사뿐만 아니라 무역, 경제의 요충지라고 봤기 때문이다. 류큐―시모다下田(사가미만[相模湾])―하코다테(에조치[蝦夷地])는 서로 거의 같은 거리에 위치하고 있다. 페리는 그것을 인식하고 있었다. 페리함대에게는 류큐(1854년 7월 11일, 류큐·미국수호조약체결)와 함께 시모다·하코다테 두 개의 항구가 개항된 것이 '우리들은 휴양과 피로회복에 굉장히 편리한 3개의 장소를 가지게 된 것이다.'(가나이 마도카[金井圓] 역)라는 의미가 있었다는 점을 『페리 일본원정일기』에서 서술하고 있다.

페리의 대일요구

페리의 대일요구는 3가지였다.

첫 번째는 일본 연안에서 조난을 당하거나 풍우를 피해서 항구에 정박한 미국 배의 승무원의 생명과 재산을 보호하는 것이고, 두 번째는 그들의 선박에 땔감과 물·식량을 보급하는 것이며, 세 번째는 미일 양국의 무역을 촉진하는 것이었다.

첫 번째와 두 번째는 미국의 포경업과 관계가 있었다. 미국의 포경업은 19세기 1830년대부터 급속하게 번성하여 1840년대 후반에는 황금기를 맞이했다. 그렇기 때문에 북태평양과 일본 근해의 포경선 숫자도 급증했다. 그렇지만 당시 선박의 사정상, 보급항과 대피를 위한 항구는 필수불가결한 조건이었다.

세 번째 문제의 배후에는 미국에서 산업혁명이 진전

되고 있었다는 점을 들 수 있다. 미국의 방적업은 비약적으로 발전하여, 서부 개척의 연장선상에서 미국의 눈은 태평양의 저편으로 향하고 있었다. 아시아의 시장으로서 매력적인 중국으로 진출하는 것을 목표로 삼았던 것이다. 따라서 태평양 횡단을 위한 기선汽船 항로를 개설하려고 계획을 세웠다. 그 때까지 사용하고 있었던 대서양 항로는 거의 130일이나 걸렸고, 태평양 항로는 그것을 6분의 1이나 7분의 1로 단축할 수 있었다. 이 태평양 횡단의 북쪽 코스를 개설하기 위해서는 기항지가 필요했다. 그 가장 적합한 후보지가 하코다테의 남쪽에 있는 일본 항구들이었다. 일본에서는 풍부한 석탄을 산출할 수 있다고 믿고 있었던 것이다. 페리는 전임자인 오릭Aulick 제독의 임무를 이어받아 페리 자신이 생각하고 있었던 아시아 전략을 바탕으로 군함과 대포의 위력(단 발포는 금지되어 있었다)을 가진 해군 주도의 「외교법권」을 통해서 일본의 개국을 실현하려고 했다. 쇄국정책을 취하고 있었던 일본은 이 '힘'의 외교에 의해서 문을 연 것이었다(가토 유조[加藤祐三] 『흑선이변[異變]』 이와나미신서[岩波新書], 1988년).

아시아의 정세

여기에서 페리 내항 전후의 아시아 정세에 대해서 살펴보자.

영국은 아시아로 몰리는 구미자본주의의 선두에 서 있었다. 18세기 후반에 시작된 영국의 산업혁명은 19세기에는 유럽 각국으로 퍼져서 미국에까지 영향을 미쳤다. 성장하는 산업자본은 기계에 의한 대량 생산의 원료를 찾는 동시에 제품을 팔 시장을 요구했다. 이 산업혁명을 거친 자본의 요구는 우선 인도를 식민지로 만들어버렸다. 영국의 산업자본은 동인도회사를 중심으로 한 주주, 관료, 군인 등 영국의 토지귀족과 이해를 같이하고 이를 바탕으로 인도 및 그 주변에서 침략전쟁을 강행했다. 그 결과 인도를 영국의 공업제품을 팔기 위한 시장으로 삼는 동시에 원료·식량의 공급원으로 삼았다. 그러나 이러한 식민지 지배는 농민을 비롯한 다양한 계층에게 부담을 주어 영국에 대해 반발하는 기운이 가득했다. 인도 대반란(세포이의 반란)이 일어난 것은 영국의 인도 정복이 완료된 지 얼마 안 된 1857(안세이4)년의 일이었다. 세포이(시파이)는 동인도회사에 속한 인도인 용병을 가리킨다. 그들에게 새로 배포한 소총용

탄약포에 소와 돼지의 기름을 발랐다는 소문이 돌자 용병들은 종교적인 관습을 무시했다고 간주하여 델리 근교에서 봉기를 일으켰다. 반란군은 곧바로 델리를 점령하고 반란은 북인도 일대로 퍼져나갔다. 농민과 수공업자, 영국에게 영지를 빼앗긴 토착지의 왕후와 지방의 지주 등이 지지하고 나서서 영국군을 위기로 몰아넣었지만 결국 2년 후에는 진압되었다. 그러나 인도의 민중들은 영국의 지배로부터 해방되어야 한다는 공통의 목표를 가지고 민족적인 통일로 나아가게 되었다.

아편전쟁과 정보

아편전쟁은 중국으로의 침략을 알린 것이었다. 1840(덴포11)년에 영국군은 우수한 총기를 사용하여 아편의 수입에 강하게 반대한 청나라를 이기고 1842(덴포13)년에 난징 조약을 체결했다. 홍콩을 얻은 영국은 광저우廣州·상하이 등을 개항하도록 했다.

1856(안세이3)년에는 애로호 사건이 일어났다. 그 해 10월에 광저우 앞바다에서 영국홍콩정청政廳의 통항증을 가진 소금 밀매선이 중국 관헌에게 검사를 받고 12

명의 중국 선원이 구류된 사건이다. 영국은 이것을 구실로 삼아 프랑스군과 함께 다시 전쟁을 일으켰고(애로전쟁·제2차 아편전쟁), 1860(만엔[万延]원)년에 베이징을 점령하여 베이징조약을 맺었다. 청나라는 영국에게 홍콩의 건너편 해안인 구룡반도를 빼앗기고, 무역의 자유를 다시 한번 확인하게 된다. 조계지도 형성되고 열강에 의한 중국의 반식민지화가 진행되었다.

아편전쟁은 중국의 사회불안을 증대시켜 지방의 치안은 어지러워졌다. 여기에 홍수전洪秀全을 중심으로 부패한 청나라 정부를 타도하고자 하는 무장봉기가 일어났고 1851(가에이[嘉永]4)년에는 태평천국이라는 혁명 정권이 들어섰다. 이들은 토지의 균등분배·조세경감·남녀평등 등을 주장했기 때문에 빈농을 비롯한 민중들도 여기에 가담했다.

페리가 내항한 1853(가에이6)년은 태평천국군이 난징을 점령하여 이곳을 수도(천경[天京]이라고 개칭)로 결정한 해였다. 청국군은 영·불 외국군과 손을 잡고 태평천국군에 맞섰다. 태평천국군의 싸움은 청나라뿐만 아니라 이와 결부된 외국세력과도 싸운 민족전쟁의 양상을 드러냈다. 그러나 지도부의 분열도 있어서 1864(겐지[元治]

원)년에 난징은 함락되고 태평천국은 와해되었다.

아편전쟁을 둘러싼 정보는 일본에 다양한 형태로 전해졌다. 사이토 지쿠토斎藤竹堂(센다이번[仙台藩] 출신의 유학자)의 『아편전말』(1844년), 미네타 후코嶺田楓江(단고 다나베[丹後田辺]의 번사[藩士])의 『해외신화海外新話』(1849년), 『해외신화습유拾遺』(1850년) 등의 간행이 이어져 민중에게 아편전쟁과 태평천국군의 패배, 영국의 위협 등이 널리 알려졌다. 또한 미네타의 저서는 해안의 방비에 관해서 막부를 비판하는 내용이기도 했기 때문에 그는 투옥·추방 처분을 받았다.

북방으로부터는 러시아도 중국을 위협해 왔다. 1858(안세이5)년에는 청나라와 러시아가 아이훈조약愛琿條約을 맺어 흑룡강(아무르강)의 이북 땅이 러시아에게 할양되었다. 이로 인해서 러시아는 연해주를 얻고 이곳을 태평양 진출의 거점으로 삼았다.

이러한 상황 속에서 일본의 개국이 진행되었던 것이다.

2. 개국이 의미하는 것

동서 질서관의 충돌과 「만국공법」

　페리 내항은 산업혁명을 거친 구미 자본주의가 아시아에 무력으로 진출(침략)하는 데 하나의 역할을 하게 되었다. 좀 더 덧붙이자면 서구(기독교) 중심의 세계질서를 아시아로 확대시키려고 한 작업의 일환이었다고도 할 수 있다. 페리가 미국 자본주의의 발전을 배경으로 자신의 아시아 전략으로서 일본의 개국을 실현하려고 했다는 점은 이미 언급했다. 이것은 19세기 중반 이후 서구 중심의 세계 질서가 중국 중심의 아시아 중화제국의 질서를 한걸음씩 무너뜨리는 시대가 되었다는 것을 의미한다. 이 아시아 중화제국 질서의 주변에 위치한 일본도 화이사상(자국을 '중화'라고 하고 주변의 나라들을 '오랑캐'라고 간주하는 사고방식)을 기반으로 한 일본적인 중화질서를 가지고 있었는데 그 질서에 충격적인 쐐기를 박은 것이 페리였던 것이다.

　이것을 다른 관점에서 말해보면 일본이 「만국공법」의 세계에 편입된 것을 의미한다.

　「만국공법」이란 현재의 국제법, 내지는 국제공법에

해당한다. 국가 간의 합의를 바탕으로 국가와 국가의 관계를 규정하는 법이다.

페리가 내항했을 때 막부의 조약교섭에 임한 막부의 신하들은 「만국공법」에 대한 지식을 전혀 가지고 있지 않았다고 해도 과언이 아니었다. 교섭을 하면서 그 과정에서 교섭 상대인 타운젠트 해리스Townsend Harris 총영사에게 그것을 배웠다고 할 정도였다.

이 국제법은 문명의 소산으로, 19세기 유럽의 기독교 세계를 중심으로 만들어진 것이다. 구미의 기독교 국가는 문명국이고 그 외에는 반 미개국(반개[半開]. 문명과 야만의 중간)과 미개국(야만)으로 나뉘어져 세계는 3개의 국가군으로 분류되었다. 반개과 미개국이 문명국으로 진입하는 것은 가능하다고 하면서도 문명국이 미개국의 영역을 손에 넣는 것은 정당하다는 내용을 담고 있다.

국제사회에서 일본이 등장하는 것은 이 「만국공법」의 세계로 들어서는 것이기 때문에 국제적인 것은 「만국공법」을 근거로 해야 한다고 인식했다. 일본의 외교 당사자와 유신의 정치가들이 이 국제법과 실태와의 사이에는 거리가 있다는 것을 깨닫게 된 것은 외교적 경험을 조금씩 쌓아나간 후였다.

미일수호통상조약

1858(안세이5)년 6월에 일본 측의 전권全權(전권위원[全權委員]의 준말-역주)인 이노우에 기요나오井上清直(시모다부교[下田奉行])·이와세 다다나리岩瀬忠震(메쓰케)와 미국의 해리스 사이에서 미일수호통상조약이 체결되었다. 이 미일수호통상조약 14개조·무역장정章程 7칙은 그 후에 이어진 네덜란드·러시아·영국·프랑스와 맺은 조약의 기준이 되었다(이른바 안세이 5개국조약).

해리스는 제2차 아편전쟁(애로호 사건) 등을 예로 들어 협박하면서 교묘하게 조약체결을 진행했다. 조약에는 편무적인 영사재판권(치외법권), 관세자주권의 결여, 최혜국조관(장래 일본이 다른 조약국에 대해서 미국에게 주지 않은 권익을 허락했을 때에는 곧바로 미국에게도 동일한 권익을 허가할 것을 결정한 조약. 화친조약의 계승), 개항장의 거류지제도, 조약개정의 협의 기한의 개시 시기(1872[메이지5]년)만을 명시하고 유효기한에 대해서는 명시하지 않았기 때문에 불평등한 내용으로 이루어졌다.

이와 같이 불평등한 조약의 체결은 선진자본주의가 아직 자본주의가 발달하지 않은 후진국에 대해서 자유무역을 요구하는 한 필연적인 것이었다. 그럼에도 불구하고 일본이 체결한 조약이 청나라가 열강과 맺은 조약보다 약간 유리한 내용(아편 수입의 금지, 종가세 20%를 골자로 한 면제품 수입관세, 거류지 이외의 통상금지 등)일 수 있었던 것은 일본과 맺은 조약이 중국처럼 전쟁에 져서 어쩔 수 없이 체결한 것은 아니었기 때문이다(그러나 이것도 1866[게이오慶應2]년의 개세약서[改稅約書, 에도협약]에서는 청나라 수준의 관세율이 되어버렸다). 일본과 중국과는 다소의 차이는 있지만 결국 일본도 중국과 마찬가지로 세계자본주의의 자유무역체제 속으로 포섭되어 간 것이다.

세계자본주의에 포섭되는 방법

세계자본주의에 포섭되는 방법, 즉 인도가 식민지화되고 중국이 반식민지화되었는데 왜 일본만이 독립을 유지할 수 있었는가 하는 입장에서 격렬한 일본 자본주의 논쟁(봉건논쟁. 1926년 일본 자본주의와 메이지 유신의 성격 등을 둘러싼 마르크스주의 진영 내에서 이루어진 논쟁)이 일어났다. 그 이유는 인도, 중국, 일본의 자본주의의 발달도가 서로 다르기 때문이라고 했다. 즉 막부말기의 일본에서는 외압에 대항할 수 있을 만큼의 자본주의의 발아發芽가(매

뉴팩처[Manufacture]. 공장제 수공업) 지배적인 단계에 있었기 때문이라는 것이다. 이 자본주의의 발달도에 차이가 있다는 경제발전도에서만 그 이유를 찾아 답을 구하고자 하는 발상은 예리하기는 하지만 사실에 근거한 것은 아니었다.

세계자본주의가 아시아에게 자유무역을 요구하고 그것을 끝까지 완수하려고 했다는 점에서 중국과 일본은 동일한 입장이었다. 그러나 중국과 일본의 차이점은 아시아에서의 시장가치의 대소와 열강진출의 선후관계, 그리고 그것을 둘러싼 인도의 대반란(세포이의 반란)과 태평천국군이 드러낸 민족적 저항에 있었다. 또한 이 태평천국군이 일본에 미친 영향(예를 들어 막부말기에 일본에서 열강의 외교를 주도한 영국의 외교관 올코크[Alcock]와 파크스[Parkes]는 중국에서 민족적 저항의 '씁쓸한 경험'[올코크 저 『쇼군의 수도』 1863년간, 야마구치 고사쿠山口光朔 역, 이와나미문고岩波文庫 상·중·하, 1962년]을 가지고 있었다. 이것이 그들의 외교정책에 반영되었다), 나아가 중국과 일본의 외압에 대한 대응방법의 차이, 여기에서 보이는 주체적 조건의 차이, 지형적, 경제적, 사회적인 모든 조건 등이 복잡하게 얽혀 있었다고 봐야 할 것이다.

통상무역의 실태

1859(안세이6)년에 체결된 미일수호통상조약을 기반으로 요코하마·나가사키長崎·하코다테가 개항되자 무역액은 영국을 중심으로 급속하게 늘어났다. 작은 농촌이었던 요코하마는 신흥 국제도시로 변했고 요코하마의 수출입액은 급상승했다. 게이오기(1865~1868년)에는 위의 3개 항구의 총액 중 요코하마가 수출에서는 약 80~90%, 수입에서는 거의 70~80%를 차지했다. 개항 후의 무역은 요코하마가 중심이 되었다. 나가사키와 하코다테는 보완적인 역할을 했다.

주요 수출품은 생사·면직물·금속과 무기·함선 등 가공·공업제품이었다. 여기에도 내외의 경제적 낙차가 뚜렷하게 드러난다.

당시의 무역은 거류지 무역이었다. 일본의 무역상인은 거류지 안에서 외국상인을 상대로 무역을 했기 때문에 판매상 혹은 거래상에 불과했다. 외국상인은 풍부한 자본력과 영사재판권, 낮은 협정세율 등 조약상의 특권을 바탕으로 해서 이 무역의 주도권을 쥐었다.

그래도 거류지 무역은 지금까지 에도의 특권상인을 중심으로 한 상품 유통의 흐름을 요코하마 중심으로 바꾸었다는 데에서 의의를 찾을 수 있을 것이다. 이로 인해서 요코하마 무역과 직접적으로 연결되는 시골상인과 신흥 거대판매상이 출현했다. 막부는 에도의 특권상인을 보호하기 위해서 1860(만엔원)년에 5개 품목(생사·머릿기름·밀랍·포목·잡곡)을 에도로 회송할 것을 명령했고 동銅도 똑같이 취급하게 했다. 게다가 1863(분큐[文久]3)년에는 생사의 수출제한정책까지 취했다. 그럼에도 불구하고 생사무역을 중심으로 한 신흥 거대판매상의 힘은 더욱 막강해졌다. 그들은 번 안의 생산물을 수출하려고 하는 몇 개의 번의 전매집하체제와도 결합하여 새로운 특권을 얻었고, 개국 후 막부의 유능한 개화파 관리(관료)와도 다양한 관계를 맺고 있었다.

이것은 당시까지 지속되었던 에도 특권상인에 의한 막부 중심의 무역체제, 나아가 경제구조를 부수고 요코하마를 축으로 거대매입상과 시골상인과의 새로운 관계 속에서 무역이 이루어져 지방을 포함하여 새로운 경제구조로 일본의 상황이 변해가고 있다는 것을 보여준다.

무역개시에 의한 경제적, 사회적 조건의 변화

요코하마를 중심으로 한 수출입의 무역상황의 변화와 정치상황 속에서 물가는 상승해 갔다. 이 물가상승은 임금에 반영되지는 않았기 때문에 수입이 미치지 못하는 도시 생활자와 하급사족士族[9]의 생계는 훨씬 힘들어졌다.

수출의 증대에 의해 수출품의 생산지대, 예를 들어 간토關東 및 그 주변의 양잠·제다製茶 지역에서는 경영을 확대하는 농민이 나타나서 이 지역의 부르주아적인 발전을 촉진했다. 반면에 주요 수출품인 생사는 물건이 부족해져 갑자기 가격이 상승했기 때문에 생사를 원료로 한 견직물 생산지대, 예를 들어 교토京都의 니시진西陣과 기리유桐生의 직물업은 심각한 타격을 받았고 일대에는 불온한 공기가 감돌았다. 또한 면직물의 수입 등은 목화 경작지대를 압박했다.

사정이 이렇기 때문에 개항이 불러온 경제적인 영향은 일본의 각 지역마다 일정하지 않았다. 말하자면 부르주아적인 발전에 의한 플러스 지대와 반대로 작용한

---

9) 메이지 유신 이후에 생긴 구 무사계층에 대한 족칭[族稱]. 화족[華族, 구 공가公家와 다이묘의 가계, 유신의 공신들로 사회에서 특권적 신분을 가짐]과 평민 사이에 위치함

마이너스 지대가 생겨나 그러한 지역들의 경제적 낙차는 국내 생산의 상황과 상품유통을 점차 변화시켰다. 또한 이것은 농민·상인의 계층 간의 격차도 심화시켰다. 개국에 의한 영향으로 사회의 각 계층은 모순의 와중에 휩쓸리게 된 것이다. 개항과 함께 이루어진 상품생산과 유통의 급격한 진전이 막부말기에 서서히 싹트고 있었던 부르주아적 경제에 자극을 주어 그 영향의 확산과 함께 지역적, 계층적 간극을 벌린 것이다. 이 플러스와 마이너스의 모순이 막번체제의 각각의 영역과 분리되어 존재하는 각 번의 실타래를 풀어서 이들이 외압 하에서 일본의 민족적 통일을 향한 경제적, 사회적 조건을 신속하게 준비할 수 있는 기초를 마련했다고 할 수 있다.

막부말기에 촬영한 에도성 정문(F. 베아토[Beato] 촬영, 요코하마 개항자료
관 소장)

제2장
막부는 왜 무너졌는가?

1. 변혁을 향한 물결

다케고시 산사(竹越三叉)의 유신관

　메이지·다이쇼大正·쇼와昭和시대의 역사가이자 정치가였던 다케고시 요사부로竹越与三郎(산사)는 유럽의 문명사관, 특히 영국의 자유주의의 영향을 받은 역사서인 『신일본사』(상·중, 1891~1892년, 하권은 미완)에서 막부말기의 정치운동에 대해서 다음과 같이 표현하고 있다.

　'존왕이니, 양이니, 좌막佐幕(막부말기에 막부 편을 든 것-역주)이니, 토막討幕이니, 공무합체公務合體[1]니, 이러한 것들은 단지 이 대변혁의 파도 위에 떠오른 잡목과 부초에 불과하다. 이들이 정치적인 전쟁을 치루는 동안에 사회 근저에서는 사람들이 모르는 사이에 절대적인 조류가 세차게 흘러갔다.'

　그가 여기에서 주목한 것은 존왕운동, 공무합체운동, 토막운동, 또는 막부를 중심으로 한 정치운동의 배후에

---

1) 막부말기에 조정의 권위와 막부 및 모든 번을 결합하여 막번체제의 재편 강화를 꾀한 정책

있으면서 명확하게 눈에는 보이지 않는 사회 근저에서 흐르는 '절대적인 조류'이다. 다케고시는 이것을 '민권의 세력'이라고도 불렀고 구체적으로는 '정촌町村 도읍의 쇼야나누시庄屋名主[2)'라고 생각했다. 이 아래로부터의 힘에 주목한 그는 메이지 유신을 '난세적 혁명'이라고 부르고 '사회적 혁명'이라고 규정했다.

이것은 메이지 유신을 생각할 때 변혁을 꾀하는 주체와 그 기반이 어디에 있는가라는 물음과 깊은 관련이 있다.

막부말기의 농민봉기

여기에서는 이 '절대적인 조류'의 기반인 민중이 대두되는 상황을 막부말기의 농민 봉기(도시 소요·마을 소동을 포함함. 이하 동일)를 중심으로 살펴보고자 한다.

1837(덴포8)년에 문하생과 기나이畿內[3) 주변의 농민, 특히 빈농과 피차별 부락민을 위시하여 원래 오사카부교쇼大阪奉行所의 요리키与力(에도시대에 부교쇼에서 하급 관리

---

2) 쇼야는 에도시대 마을의 정사를 보던 사람을 말하고 나누시는 정촌의 장을 의미함
3) 역대 황거[皇居]가 있었던 야마토[大和], 야마시로[山城], 가와치[河內], 이즈미[和泉], 셋쓰[摂津]의 5개 지역

를 지휘하던 사람-역주)였던 오시오 헤이하치로大塩平八郎(양명학자)가 일으킨 사건은 잘 알려져 있다. 이것은 하루만에 진압되었지만 곧바로 에치고越後 가시와자키柏崎(현 니이가타현[新潟県]과 그 주변지역-역주)의 이쿠타요로즈生田万 봉기, 나아가 비고備後의 오노미치尾道 봉기, 비고의 미하라三原 봉기에까지 영향을 미쳐 셋쓰노세摂津能勢 봉기로 이어지고 멀리는 조슈번의 봉기로까지 연결되었다. 그 이유는 무엇일까? 뿐만 아니라 오시오가 민중 사이에서 민중을 구하는 영웅으로 갑자기 인기를 모은 것은 무엇 때문일까라는 점에 대해서 생각해 봐야 할 것이다.

그 무렵 기나이 주변에서는 농민적 상품경제가 급속하게 발전하고 있었다. 기나이 지방에서 목화경작을 하는 농민과 재향상인층은 특권을 가진 오사카가 산조와타도이야三所綿問屋[4]인 미와타実綿(씨가 그대로 붙어있는 목화-역주)·구리와타繰綿(목화에서 씨를 제거한 섬유부분-역주)의 유통을 독점하고, 또한 고리대를 붙여서 생산농민을 빚으로 옭아매려고 한 것에 반발했다. 이로 인해서 수 백 여개의 농촌, 내지는 천 여개 이상의 농촌들이 들고 일

---

4) 재향의 면 판매 상인과 중간업자의 직매를 금지하여 판매의 독점을 꾀한 것

어났다. 국소國訴[5]라고 불리는 소원투쟁이 반복된 것이다. 여기에는 생산·가공·유통이라는 규칙에 반발하고 '상품의 자유'를 원하는 공통된 요구가 있었다.

이것은 기나이 지역뿐만이 아니었다. 개항 이후에는 상품의 생산과 유통이 급격하게 진전되어 지역과 번의 규모를 훨씬 뛰어넘어 체제의 속박을 뚫고 통일을 향한 경제적, 사회적 조건이 준비되어 있었던 것은 이미 앞에서 언급했다.

원호元號별로 막부말기의 농민봉기 건수를 평균해보면 43페이지의 그래프와 같다. 막부말기의 농민봉기의 기본적인 모순은 영주와 농민 사이에 있었지만 농민적 상품경제가 진전되어가자 촌락 내부의 농민의 계층분화(분해)가 촉진되었다. 촌락의 지배자층과 상층농민, 빈농과 어쩔 수 없이 토지에서 이탈하게 된 빈농 사이의 대립이 심화되었다. 이 빈농·빈민을 중심으로 한 봉기는 '요나오시世直し[6]' 또는 '요나라시世均し'봉기라고 불렀다. 여기에는 토지 소유를 평균화하고 사회의 평등화를 요구하는 내용이 포함되어 있었

---

5) 에도시대 농민투쟁의 한 형태로, 농민과 재향상인들이 단결하여 다이묘[大名, 에도시대 막부 직속의 영지 수확량이 만석 이상인 자]등에 대항한 운동
6) 막부말기와 메이지 초기에 세상을 변혁시키기 위해 일어난 농민봉기

다. 오시오 헤이하치로가 민중 구제의 영웅으로 인기를 누린 것은 이러한 사람들의 요구를 대변했기 때문이었다.

'요나오시' 봉기의 특징과 모순되는 민중의 행동

이 '요나오시' 봉기는 막부말기에서 메이지 초기에 걸쳐 일어난 봉기의 특징을 말해준다. 1866(게이오2)년에는 이 봉기가 절정에 이르러 185건이나 되었다.

1866년 6월 중순에 7일하고 8일 밤에 걸친 오슈奧州의 시노부信夫·다테伊達 두 개 군郡(총계 19만 8천 8백 50석[石], 촌의 숫자 194개 촌, 막부의 영지·사유지·분령[分領]이 섞여있었다. 현 후쿠시마현[福島縣] 후쿠시마시 일대)이 일으킨 이른바 신다쓰信達 봉기의 특징을 살펴보자.

이 봉기 세력의 총수는 십만 이상에 이르렀고 49개촌이상의 촌락의 지배자층=호농상에게 공격을 가했다.

봉기에서의 행동을 나타낸 자료(『민중운동의 사상』 수록)의 한 구절을 인용해 보자.

'어이어이 여러분, 불조심을 우선으로 하자. 미곡은

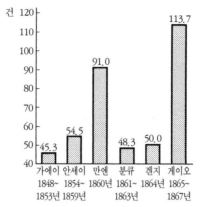

건 120

113.7

110

100

91.0

90

80

70

60

54.5

50 45.3

48.3 50.0

40

가에이 안세이 만엔 분큐 겐지 게이오
1848~ 1854~ 1860년 1861~ 1864년 1865~
1853년 1859년   1863년   1867년

막부말기 원호별 봉기 건수 그래프. 원호별로 본 막부말기 농민봉기의 1년간
평균건수(아오키 고지[靑木虹二]『백성봉기총합연표』산이치쇼보[三一書房], 1971
년에 의함)를 나타냈다

홑뜨리지 마라. 전당품에는 결코 손을 대어서는 안 된

다. 전당품은 모든 이들의 것이 된다. 또한 금전과 물

품은 몸에 지니지 마라. 이 운동은 사욕을 위한 것이

아니다. 이것은 만인을 위한 것이다. 이 집의 도구는

모두 부숴버려라. 고양이의 밥그릇도 남기지 마라.'

이 문장에서는 사욕을 위해서 봉기를 일으킨 것이 아

니라는 점이 명확하게 드러난다. '불조심'을 우선으로

해라라는 지시와 함께 봉기를 위한 행동에는 엄격한 금

욕이 요구되었다. 물건에는 손을 대지 마라, 금전을 빼

앗아서는 안 된다는 윤리도 요구하고 있다. 미곡은 흩뜨리지 말라는 점에도 주목해야 할 것이다. 여기에서는 쌀과 보리를 소중히 여기는 농민의 마음이 드러난다. 그러나 공격의 대상이 된 집의 도구류는 하나도 남김없이 부숴버려 '고양이 밥그릇'조차도 남기지 말라고 하면서 분노를 폭발시키고 있는 것이다. 게다가 이러한 지령을 내린 지휘자가 있는 이상, 행동도 조직적이었을 것이라고 추측해 볼 수 있다. 엄격한 규율과 '만인을 위한'이라는 목적의식, 금욕적인 윤리 등 이러한 봉기라는 행동에서는 사상성을 읽어낼 수 있다.

그러나 반면에 동일한 이 봉기는 실제로 전혀 다른 양상을 보인다. 전당포로 쳐들어가 멋대로 전당품을 빼앗고 전당물인 의류를 전부 몸에 두르고 전당포에 저당을 잡힌 사람들이 전당물의 몇 배인가의 금전을 요구했다는 기술이 있다. 폭도와 같은 행동을 한 것은 부정할 수 없다. 봉기라는 행동은 복잡한 측면을 가지고 있었고 모순으로 가득 차 있었던 것이다.

이것은 인간 또는 집단이 된 인간의 심리에 근거한 모순이다. 금욕과 끝없는 욕망, 혁신성과 보수의 양면이 공존하고 갈등하고 있다. 이것은 인간과 인간집단의 자연스러운 모습일지도 모른다.

다테군 출신의 중농中農의 상층 내지는 호농에 가까운 간노 하치로菅野八郎는 이 봉기의 리더로 지목된 인물(자신은 부정)이었다. 그는 두 번째 페리 내항 때 가나가와까지 가서 '흑선'을 목격한 후 막부의 해상방위정책에 의문을 품고 권력을 향해서 날카로운 비판을 가했다. 안세이의 대옥大獄[7]에 연류되어 하치조지마八丈島로 귀향을 가게 되었다. 그러나 그러한 하치로도 다른 면에서는 기성의 도덕과 질서에 대해서 보수적인 순종의식을 가진 인물이었다는 지적도 있다. 이와 같이 상반된 측면을 가지면서도 그는 민중생활을 무엇보다도 우선시해야 한다고 생각하여 민중의 입장에서 행동하려고 했던 것이다.

문제는 그러한 모순적인 존재인 개인과 개인의 모임인 민중집단이 역사의 각각의 시점과 상황 속에서 그 모순을 극복하면서 어떻게 역사의 담당자가 되고 역사를 만들어 갔는가하는 점이다. 역사의 큰 흐름 속에서 바라보면 이 고군분투하는 민중이야말로 역사를 만들

7) 1858[안세이5]년에 에도막부의 다이로[大老]인 이이 나오스케[井伊直弼]가 미일 수호통상조약 체결 및 쇼군의 후사 문제로 그의 정책에 반대한 다이묘를 벌하고 지사를 탄압한 사건

어간다고 할 수 있을 것이다.

'요나오시'의 궁극적인 이상과 '아무렴 어때'

이러한 민중의 소원을 대변하듯이 1866(게이오2)년 8월의 에도 고이시카와小石川에는 한 개의 스테소捨訴가 있었다. 스테소는 '스테부미'라고도 불려 막부의 관청과 관리의 집 앞에 몰래 호소문을 가져다 놓고 자신의 주장을 어필하는 것이다. 스테소는 원래 엄격하게 금지되어 있었으나 막부말기에는 하리소(문 등에 호소문을 붙이는 행위) 등과 함께 자주 나타났다. 위의 스테소는 「66주 안민 대도독六十六州安民大都督 오카와베 지카라大河辺主税, 동 부익副翼 다케다 슈운사이竹田秋雲斎[8]」라는 이름으로 되어 있었다. 내용에서 짐작해 보건대 막부에 가까운 인물로 유학자이거나 낭인浪人이 아니었을까? 이름을 살펴보면 민중을 걱정하는 것을 마치 자신의 사명으로 여기고 있는 것처럼 보인다. 만민이 평화를 즐기고 밤에 문단속을 할 필요도 없는, 잃어버린 물건은 누구도

---

8) 66주는 율령제를 바탕으로 한 지방행정구분. 대도독은 군대의 통솔자. 즉 이것은 호소문을 쓴 사람이 자신을 일본 민중의 안녕을 위한 군대의 통솔자라고 자칭한 것을 뜻한다

자기 것으로 취하지 않는, 지나가는 사람들은 서로 길을 양보하는 '세계 제일의 좋은 나라'를 만들고 싶다는 것이다. 이것은 '요나오시', '요나라시'의 궁극적인 이상이라고도 할 수 있다(『신개회총[新開薈叢]』 수록)

이 '요나오시'를 목적으로 한 민중의 행동이 돌변하여 도착적인 형태로 나타날 경우도 있었다. '요나오시' 봉기가 한창일 때 그 이듬해인 1867(게이오3)년에 이것이 갑자기 '아무렴 어때ええじゃないか'로 변모한 것이 그 예라고 할 수 있다.

'아무렴 어때'는 하늘에서 갑자기 이세신궁伊勢神宮의 부적이 떨어진 것을 계기로 도카이도東海道 일대·나고야名古屋 일대에서 교토京都·오사카로 번진 민중의 집단 난무 행동을 가리킨다. 에도에서부터 게이슈芸州(히로시마현[広島県]) 일대의 사람들까지 끌어들이고 기타규슈北九州에서도 그 징후가 보였기 때문에 범위가 매우 넓었다는 것을 알 수 있다. 일반적으로 60년 주기로 이세신궁에 집단 참배를 하는 오카게마이리お陰参り의 전통이 형태를 바꾼 것이라고 설명한다. 도카이 지방의 농민신앙을 모으고 있었던 이세신궁의 별궁인 이조궁伊雑宮('이자와'라고도 한다. 시마국[志摩国, 미에현三重県]에 있다)의 오쿠

와축제お鍬祭의 백년제가 이 해 6월경부터 삼하三河(현 아이치현 동부-역주) 일대에서 이루어졌고, 그것이 '아무렴 어때'로 발전되었다는 의견도 있다.

어쨌든 사람들은 히지리면緋縮緬의 기모노와 파란색, 보라색의 옷을 입고 남자는 여장을 하고 여자는 남장을 하고 서로 뒤섞여 북·피리·샤미센三味線 등으로 장단을 맞추면서 손을 흔들고 다리를 들어 '아무렴 어때, 아무렴 어때'라고 하면서 미친 듯이 춤을 춘다. 그리고 이 장단 안에는 '요나오시'를 원하는 요구가 담겨있었다.

종교적인 색채를 띤 민중의 집단행동인 이 '아무렴 어때'의 확산과 더불어 그 해의 '요나오시' 봉기 건수는 정점을 이룬 전년도(1866년)와 비교했을 때 반수로 줄었다. 그렇다면 '아무렴 어때'와 '요나오시' 봉기는 공존하고 있었다고 할 수 있고, 봉기의 에너지가 모두 '아무렴 어때'로 변하여 흡수된 것은 아니라는 점을 알 수 있다. 그리고 이 집단 난무의 광기가 토막討幕을 목적으로 하는 정치공작의 연막이 되었다고 지적한다.

2. 변용하는 막번체제

막번체제의 변용

앞절에서 살펴본 바와 같이 변혁의 흐름은 2세기 반 가깝게 유지되어 왔던 막번체제의 근저를 서서히, 그러나 확실하게 뒤흔들기 시작했다.

사회의 근저가 흔들리면 지배 구조도 흔들려서 변할 수밖에 없다. 비유적으로 표현하자면 막부는 막번체제라는 피라미드형 지배구조의 정점에서 안주할 수 없게된 것이다. 로주인 미즈노 다다쿠니水野忠邦가 주도한 덴포개혁에서 에도·오사카 근처의 땅을 가에치替地(퇴거시키고 대신 주는 땅-역주)를 주고 아게치上地(토지를 정부로 반환하는 것-역주)로 하려는 아게치령이 그가 실각하는 요인이되었고, 이것은 막부의 지배구조가 흔들리는 것을 의미했다. 아게치령은 막부만이 가지고 있었던 전봉권轉封權(에도시대 다이묘 등의 영지를 다른 곳으로 옮기는 권한-역주)의 변형이라고 봐야 하기 때문에 그것조차도 행사할 수 없게되어버렸던 것이다. 1862(분큐2)년 8월 윤달에 막부는 분큐개혁의 일환으로 참근교대參勤交代[9]를 완화했는데

---

9) 각 번의 번주[藩主]를 격년으로 에도에 출사시키는 에도시대 법령

그렇게 하지 않으면 이것을 의도적으로 범하는 자가 나올지도 모른다는 우려 때문이었다. 참근교대는 막부의 군역징수권의 한 형태라고도 할 수 있기 때문에 막부가 독자적으로 이 권한을 행사하는 것도 불안해졌던 것이라고 볼 수 있다.

　외국 잡지인 『재팬 헤럴드』(양력 1862년 10월 25일자)는 '에도에서 온 중대 정보'라는 표제에 '일대혁명great revolution'이라는 부제를 붙여 '나라의 기본구조가 바뀌었다'고 했다(『외국신문으로 보는 일본』수록, 이하 동일). 이 기사를 이어 받아서 『노스 차이나 헤럴드』지(같은 해 11월 8일자)가 '2세기 반에 걸쳐 이 나라를 통치·지배해 온 모든 체제가 바뀌었다'고 한 것은 막번체제의 큰 변용을 읽었기 때문이었다. 1867(게이오3)년 10월에 대정봉환大政奉還(에도막부가 조정朝廷[천황]에게 통치권을 반환한 것-역주)이 이루어질 무렵에 사카모토 료마가 에도의 긴자銀座를 교토로 옮길 수만 있다면 가령 쇼군직을 그대로 놔 두어도 겁낼 것은 없다고 한 에피소드가 있다. 이것은 막부의 중앙집권적인 권한이 화폐 주조권밖에 남아있지 않다는 사실을 시사하고 있는 것이다.

이념적 국가관과 조정의 정치화

또한 여기에 외압을 계기로 해서 일어난 문제가 추가된다. 조정(천황)의 문제이다. 이미 1825(분세이8)년에『신론新論』을 저술한 미토水戸(현 이바라키현[茨城県] 중부에 있는 시-역주)의 아이자와 세이시사이会沢正志斎(安[야스시])는 이 저서에서 '국체의 신성함'이라고 하며 외압이라는 이적夷狄에 대응하여 신성=이념적 국가관을 내걸었다. 이 이념적 국가관은 조정을 부상시키고 막번체제도 포섭한다(54페이지 그림(ㄴ) 참조). 게다가 조정은 모토오리 노리나가本居宣長가『다마쿠시게玉くしげ』(1787[덴메이天明7]년)에서 서술한 바와 같이 정권위임의 정점에 자리 잡고 있다. 즉 막번체제 하에서는 조정이 정권을 쇼군에게 위임했고 쇼군은 다이묘에게 위임했다는 것이다(「미요사시[御任]」론). 막부말기의 흔들리는 막번체제 속에서 막부지배의 합리화=정통성을 주장하기 위한 존왕 이론은 막부 어삼가御三家[10] 중 하나인 미토번의 미토학에 의해서 제창되었다. 그렇기 때문에 개국을 계기로 심화된 막번체제의 위기가 이「미요사시」론의 근원인 조정(천황)을 단번에 정치화시켜 버린 것이다.

---

10) 도쿠가와 쇼군의 일가인 오와리[尾張]·기이[紀伊]·미토[水戸] 세 가문의 경칭

조정을 정치화시킨 계기는 외압에 있었는데 막부의 로주슈자老中首座인 아베 마사히로阿部正弘(후쿠야마번사 [福山藩士])도 '흑선' 내항을 '국가의 가장 중요한 일'이라고 받아들였다. 이것은 쇄국이라는 선조가 전래한 '조법祖法'을 뛰어넘는다고 본 것이다. 그렇기 때문에 아베는 한편으로는 이것을 조정에 보고하는 동시에 다른 한편으로는 미국의 국서를 바로 번역하여 모든 다이묘와 막부의 직원, 유학자·낭인·초닌町人(에도시대의 상공업자-역주)의 일부에게까지 의견을 구했다.

이것은 「미요사시」론의 근원이자 전통적인 권위를 상징하는 조정에게 보고하는 행위를 통해서 대의명분에 의해 스스로의 권력을 보강하려고 한 것이다. 이와 동시에 다른 한편으로는 외압의 위기감을 지배층뿐만 아니라 서민의 일부에게까지 확대시킴으로써 흔들리고 있었던 지배 체제를 재편·강화하려고 했던 것이다. 이른바 집중과 확대라는 권력 강화의 논리에 의한 것이다.

공무합체 체제

아베가 미토번의 전 번주인 도쿠가와 나리아키德川斉昭를 해방참여海防参与에 임명하고, 에치젠越前의 번주인 마쓰다이라 요시나가松平慶永(슌가쿠[春岳])와 사쓰마 번주인 시마즈 나리아키라島津斉彬에게 접근한 것은 나리아키를 통해서 강경한 양이론과 막부 정치에 대한 혁명론을 주장하는 모든 다이묘를 억누르게 하고, 요시나가와 나리아키라를 통해서 오로카즈메大廊下詰(도쿠가와 일가와 오다이묘[大大名]가 있는 방)와 오히로마즈메大広間詰(도자마다이묘[外様大名] 등이 있는 방)의 모든 번주들에게 자신의 뜻을 전달하려고 한 것이다.

여기에 가와지 도시아키라川路聖謨, 미즈노 다다노리水野忠德(이상은 간조부교), 도키 요리무네土岐頼旨(메쓰케·해방괘), 쓰쓰이 마사노리筒井政憲(메쓰케·해방괘), 호리 도시히로堀利熙(메쓰케·해방괘), 나가이 나오무네永井尚志(메쓰케·해방괘), 이와세 다다나리(메쓰케·해방괘), 오쿠보 다다히로大久保忠寬(이치오[一翁], 메쓰케·해방괘), 다케노우치 야스노리竹内保德(하코다테부교), 이노우에 기요나오井上清直(시모다부교), 에가와 히데타쓰江川英龍(다로사에몬[太郎左衛門], 해방괘), 다카시마 슈한高島秋帆(시로다유[四郎太夫], 포술가), 가쓰

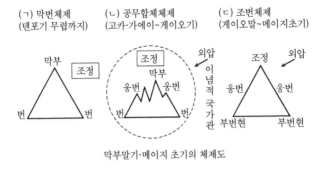

(ㄱ) 막번체제　　　　(ㄴ) 공무합체체제　　　(ㄷ) 조번체제
(덴포기 무렵까지)　　(고카·가에이~게이오기)　(게이오말~메이지초기)

막부말기·메이지 초기의 체제도

가이슈勝海舟(아와[安芳])등을 등용했다. 이들이 이후 막부 측에서 개화를 주장하며 활동하는 실력파 관리들이다.

　도쿠가와 나리아키는 어삼가 중 하나였기 때문에 신분질서를 지나치게 강조했는데 이 나리아키는 1846(고카3)년에 프랑스 군함의 류큐 내항과 관련해서 의견을 제시했다. 이른바 이에야스 이래로 도쿠가와 씨의 '천하'였는데 지금은 '천하는 천하인 사람의 천하'이다. '도쿠가와에 한해서만이다. 천하에는 이것은 없다'(『신이세모노가타리[新伊勢物語]』)라고 했다. 이것은 외압의 위기를 '천하' 전체로 확대하는 것으로, 그와 동시에 빨리 결단을 내리지 않으면 도자마다이묘[11]를 비롯한 세력들이

───────────

11) 에도막부에서 도쿠가와 가문이거나 원래부터 그 가신이 아니라 주로 세키가하라[関ヶ原] 전투 이후에 신하가 된 제후

막부가 명령을 내리기 전에 '일본을 위해' 움직이기 시작할 것이라고, 위기에 대처하기 위한 주도권이 도자마의 웅번에게 빼앗기는 것을 우려한 발언이었다.

여기에서 웅번이란 미곡의 수확량이 많은 번이라는 뜻도 있지만 군웅할거의 번인 동시에 그 할거체제를 객관적으로는 해체해 간다는 자기모순을 등에 업고 있는 번이었다. 또한 끊임없이 가해지는 세계자본주의의 충격을 의식하여 지도를 위한 이념을 가지면서 막번체제를 대신하는 새로운 국가체제를 실현하기 위한 조력자가 될 존재를 말한다.

이 웅번을 포섭한 체제개혁의 구상에 대해서는 이후에 구체적으로 살펴보겠는데(75페이지 이하), 이들 웅번의 대두는 조정의 정치화와 맞물려 지금까지의 막번체제와는 다른 이른바 공무합체체제라고 해야 할 구조로 바뀌어 갔다. 다음 절에서 살펴볼 정치운동은 이러한 체제변용 속의 정치운동이라고 봐도 무방할 것이다.

가령 덴포기 무렵까지 이어진 막번체제를 피라미드형으로 도식화해 볼 수 있다면(앞 페이지 ㄱ), 개국 전후부터 게이오기에 이르는 공무합체체제에서는 그때까지의 막부와 조정의 관계가, 조정과 막부의 관계로 역전되어 막부권력의 저하와 웅번의 대두를 특징으로 하는 그림으로 그릴 수 있다(ㄴ). 조금 성급하게 이야기를 해 보면 게이오 말부터 메이지 초기에는 그림(ㄷ)와 같이 조정을 정점으로 하여 웅번(실직적으로는 유신관료)이 그것을 지탱하여 부번현을 지배하는 새로운 피라미드형인 조번朝藩체제가 된다(조번체제의 정부를 유신정권이라고 한다).

또 한 가지 여기에서 지적해 두고 싶은 것은 (ㄱ)의 막번체제 아래에서는 막부가 천하의 '공公'이었지만 외압을 계기로 하는 정치 정세가 진행되는 가운데 (ㄴ)의 체제에서는 조정이 '공'이 되고 막부가 '사私'가 된다. '공'과 '사'가 역전된 것이다. 그리고 막부가 '사'가 되는 것과는 달리 조정은 '공'이 되어 외압의 위기감의 확산과 함께 천하의 여론으로서의 '공'과도 결부되어 간다. 조정(천황)이 마치 국가의 상징처럼 되어 가는 것은 그 때문이다.

3. 막부말기 정치운동의 논리

존양(尊攘)운동의 의미

앞절에서 살펴본 막부말기의 체제변용 속에서 존양운동과 공무합체운동, 또는 도막倒幕운동(무력을 사용한 도막은 토막[討幕]이라고 함)이라고 불리는 정치운동은 어떤 논리의 혼재와 진전 속에서 이루어졌는가?

1858(안세이5)년에 갑자기 다이로가 된 이이 나오스케井伊直弼는 칙명勅命을 어기고 미일수호통상조약을 조인했다. 그 후 14대 쇼군을 히토쓰바시파一橋派가 미는 히토쓰바시 요시노부一橋慶喜(미토번의 나리아키의 일곱 번째 자녀)가 아닌 후다이다이묘譜代大名[12] 집안의 난키파南紀派가 옹호하던 와카야마和歌山 번주 도쿠가와 요시토미德川慶福(후에 이에모치[家茂]라고 함)로 결정한 것이 계기가 되어 존왕양이 운동이 고조되었다. 존왕과 양이는 원래 별개의 유교적인 명분을 의미하는 것이었는데 이이 나오스케의 반대파는 그가 칙명을 어긴 행동에 대해서는 존왕을, 개국에 조인한 것에 대해서는 양이를 내걸어

---

12) 에도시대 다이묘 중 세키가하라 전투 이전부터 도쿠가와 가문을 따른 다이묘로 도자마다이묘와 구별됨

대결하려고 했다. 이에 「존왕양이(존양)」(이하 존양으로 약칭함)은 하나가 되어 막부에 반대하는 슬로건이 되었다.

이 존양운동에는 하층의 공가와 하급무사 등이 참가했는데(중·상급 무사의 참여를 꺼리지는 않았다), 그 운동의 가치 체계의 정점에는 천황이 있었다. 천황은 절대자라는 것이다. 이것과 양이와 세트가 된 이 운동은 어디까지나 유교적, 명분론적인 관념에 입각한 것이었다.

그러나 운동이 반식민지화의 위기감 속에서 전개되었을 때 존양운동은 외압의 위기에 대한 저항운동의 측면을 띠게 되었다. 그리고 존양의 가치의 절대적인 상징인 천황은 동시에 민중들에게 외압의 위기극복을 위한 민족적 상징이라는 환상을 심어줄 가능성을 가지게 되었다. 외압에 대한 위기감이 확산되고 심해질 때 이것은 경제적인 변동과도 결부되어 깨어있는 호농, 호상 계층의 일부를 운동으로 끌어들였고, 이로 인해 운동의 기반이 확대되었다. 이러한 호농, 호상 계층은 이른바 '지사志士'들의 전국 이동과 정보의 거점이 되어 운동에 많은 기여를 했다.

존양운동은 공무합체운동에 대항해서 교토를 중심으로 전개되었는데 1863(분큐3)년 8월 18일에 일어난 정변에 의해 단번에 뒤집혔다. 운동을 지지하고 있었던 산조 사네토미三条実美 등 7명의 공경公卿(율령을 바탕으로 한 태정관[太政官]의 최고 간부로서 국정을 담당하는 직위, 또는 그 사람들을 일컬음-역주)은 거점인 조슈로 달아났다. 이것이 바로 시치쿄오치七卿落ち이다. 이 정변은 번주인 마쓰다이라 가타모리松平容保를 교토 수호직守護職으로 보낸 아이즈번과 조슈번의 움직임에 대항하여 사쓰마번이 꾸민 쿠데타였다.

조정과 막부와 서남전쟁(西南戰爭)

정변에 의해 고메이천황孝明天皇은 18일 이후에 일어난 일이 천황으로서 보인 참된 의지라고 표명했다. 존양파는 천황을 절대시하고 행동을 위한 근거로 삼았기 때문에 천황에게 밉보이면 좌절할 수밖에 없었다. 정국의 주도권은 공무합체파로 옮겨갔다.

공무합체('공무일화'라고도 한다) 운동에는 2개의 노선이 있었다. 하나는 조정(공)과 막부(무)와의, 또 다른 하나는 조정(공)과 웅번(무), 특히 서남 웅번과의 합체노선이었다.

전자인 조정과 막부의 결합을 공고히 해서 막부 권력

을 강화시키고자 한 것이 로주인 구제 히로치카九世広周와 안도 노부마사安藤信正(노부유키[信睦])를 중심으로 한 이른바 구제·안도 정권이었다.

1860(만엔원)년 7월에 구제·안도 등의 로주는 연명으로 서명한 봉답서를 고메이천황에게 제출했다. 여기에는 외압의 위기가 강조되고 이 외압에 대한 천황의 양이의 의지를 7, 8년 내지는 10년 후에 실현하기 위해서는 공무일화에 의한 인심의 일치가 필요하다고 쓰여 있었다. 공무일화가 실현되지 않는 한 천황이 어떤 양이의 의지를 가지고 있어도 그것은 실현불가능하다는 것이다.

즉 천황의 의지를 존중하는 형태를 취하면서도 실제로 의도한 것은 공무합체의 책략에 의해 막부의 지배체제를 강화하려고 한 것이었다. 7, 8년은 커녕 10년이 지나도 양이가 불가능하다는 것은 외교에 정통했던 로주인 안도가 누구보다도 잘 알고 있었다. 그러나 고조되고 있었던 존양운동의 명분을 빼앗기 위해서도, 또한 대두하고 있었던 웅번 세력에 대한 막부의 우위를 점하기 위해서도 조정을 막부 가까이에 붙여놓을 필요가 있었다.

이것을 실현하기 위해서 조정과 막부를 혈연(가족관계)으로 묶어놓을 계획을 세웠다. 쇼군인 이에모치와 고메이천황의 배다른 여동생인 가즈노미야和宮가 결혼하는 것이었다(가즈노미야 강가[降嫁], 황녀가 신하와 결혼을 하는 것-역주). 1862(분큐2)년 2월에 가즈노미야는 동갑인 17세 쇼군 이에모치와 혼례를 치렀다.

후자인 서남웅번의 공무합체운동은 조슈번과 사쓰마번이 서로 길항하는 가운데 이루어졌다. 1861(분큐원)년 3월에 조슈번의 지키메쓰케直目付인 나가이 우타長井雅楽가 주장한 '항해원략航海遠略' 정책은 교토(조정)·간토(막부) 모두가 안세이 때 칙명을 어기고 조약을 조인한 것에 대한 불만을 버리고 '항해'(무역)를 개시해서 무위를 해외에 과시하도록, 조정에서 정이대장군征夷大將軍인 쇼군(막부)에게 명령을 하라는 것이었다. 그렇게 하면 '국시國是'(국가의 방침)인 '원략'(대외계획)이 우선 조정에서 나오게 되고 이것을 막부가 받드는 형태가 되기 때문에 군신의 명분을 바로잡고 국내는 통일되어 '황국皇國'을 5대주에 널리 알릴 수 있다는 것이다.

이 제안은 막부의 개국정책과 교토를 중심으로 한 양이론이 격돌하는 양상을 드러내기 시작할 무렵에 이루어진 것이었다. 이것은 막부의 개국정책이 진행되는 것을 전제로 해서 우선 조정을 설복시키고 막부의 목적에 동조시키려고 한 것이기 때문에 막부에게는 매우 적절한 정치노선이었다. 구제·안도정권은 이 제안을 지지했다.

그러나 이 조슈번의 공무합체정책은 반격을 받았다. 번 내의 존양격파激派의 반대와 로주인 안도가 습격을 당해서 부상을 입은 사카시타 문외의 변坂下門外の変 (1862[분큐2]년 1월) 등이 그것이다.

가장 심각한 타격을 가한 것은 사쓰마번이 내건 공무합체 노선이었다. 사쓰마번의 '국부國父'인 시마즈 히사미쓰島津久光(번주 다다요시[忠義]의 부친)는 죽은 형인 나리아키라의 뜻을 이어갈 것을 표명하고 존양파와는 선을 그었다. 조슈번의 나가이가 조정을 구워삶아 막부에 동조시키려고 한 것에 대항해서 히사미쓰는 천여명의 병사를 끌고 상경해서 이 군사력을 바탕으로 막정 개혁을 전제로 한 공무합체정책을 수행하려고 했다. 개혁은 삼사책三事策이라고 불렸다.

삼사책의 제1책은 쇼군은 다이묘를 이끌고 상경해서 국가의 평화로운 통치를 위한 대책을 세우고 국가의 방침에 대해서 토론하라는 것이었다. 제2책은 연해의 5대 번주(사쓰마·조슈·도사[土佐]·센다이[仙台]·가가[加賀])를 5명의 다이로로 임명하여 국정에 참여시키고 양이실행을 위한 무장 대비에 만전을 기하라는 것이었다. 제3책은 히토쓰바시 요시노부에게 쇼군을 보좌하게 하고 마쓰다이라 요시나가를 다이로의 직책에 앉히라는 것이었다.

1862(분큐2)년 7월에 히사미쓰가 가장 밀고 있었던 제3책에 의해 요시노부는 쇼군의 후견직에, 요시나가는 정사총재직政事總裁職에 취임했다. 서남 웅번의 공무합체운동의 주도권은 조슈에서 사쓰마로 이동했다.

삿초 공무합체의 진의

당시의 정보탐색서 중 하나는 이 히사미쓰의 공무합체 정책에 대해서 다음과 같이 설명하고 있다. 히사미쓰는 표면적으로는 양이를 내세우고 천황에 대한 충성을 맹세하는 형태를 취했지만 사실은 그렇지 않다. 즉 지금까지 내밀하게 '이적'(외국)과 무역을 하고 있었던(류큐무역 등을 가리킨다) 사쓰마번에게 막부의 개국정책은 번의 무역을 쇠퇴시키고 번의 경제를 핍박하여, 마치 죄가 있어서 보유 통화량의 반을 빼앗긴 것과 마찬가지인 상황을 초래했다. 이러한 막부에 대한 원망을 공공연히 드러낼 수도 없었기 때문에 양이 정책을 내걸고 교토(조정)를 재촉하여 막부의 개국을 거부하려고 한 것으로, 장래에는 스스로 쇼군이 되어 자유자재로 무역을 하려고 했던 것이다. '존왕과 충성의 마음은 전혀 없습니다.'(『관무통기[官武通紀]』)라고 전한다.

이 무렵 사쓰마번은 번과 번의 교역(번제[藩際] 교역)을 적극적으로 추진하여 류큐 및 나가사키를 거점으로 한 무역에 임하고 있었다. 이 점에서는 조슈번도 마찬가지였다. 바칸馬關(시모노세키[下關])을 중심으로 한 삿초 교역을 비롯해서 각 번과의 교역권의 확대를 목표로 삼았던 것이다.

그러한 의미에서 삿초 두 번의 공무합체정책은 결국 개국이라는 상황 하에서 막부의 무역독점과 전국적인 시장지배에 대항하려고 한 것이자 막부 정권으로 비집고 들어가기 위한 것이었다.

이것은 메이지 유신이 왜 서남 웅번에 의해 시작되었는가라는 문제와도 관련이 있다. 여기에는 여러 가지 조건이 얽혀있는데 가장 큰 요건 중의 하나는 이러한 번들은 어디나 류큐(사쓰마)·시모노세키(조슈)·나가사키(히젠[肥前], 도사도 나가사키를 통해서)와 같은 열린 창구를 가지고 있다는 점이다. 이 창구들은 쇄국 하에서도 대외무역과 국내교역에 의한 경제적 이익을 번의 재정으로 끌어오고 또한 국내외의 정보를 가장 빠르게 포착할 수 있는 거점이었다.

한편 1863(분큐3)년 말부터 이듬해 1864(겐지원)년 1월에 걸쳐 성립된 참예參預회의(멤버는 히토쓰바시 요시노부·마쓰다이라 가타모리·마쓰다이라 요시나가·야마노우치 도요시게[山內豊信]·다테 무네나리[伊達宗城]·시마즈 히사미쓰)에 의해 공무합체 정책은 일부 실현되는 것처럼 보였다. 그러나 얼마 안 있어서 이 회의는 분열·해체되었다.

이와 같은 점에서 공무합체운동은 조정(공)과 막부(무력), 조정(공)과 서남 웅번(삿초=무력)이라는 두 개 노선으로 크게 나눌 수 있고, 전자와 후자는 서로 길항하고 후자는 조슈와 사쓰마 사이에서 대립하거나 흔들리고 있었던 것을 알 수 있다. 양쪽 모두 막번체제의 재편·강화를 노렸지만 분열의 방향도 내포하고 있었던 것이다.

존양운동과 공무합체운동의 대립·교차

　위에서 살펴본 운동의 모습에서 지적할 수 있는 것은 공무합체운동은 공무합체파가 조정(천황)을 상대화하고 조작의 대상으로 삼아 정치적으로 이용하려는 생각을 가지고 있었다는 점이다.

　존양운동을 추진한 존양파가 모든 가치를 천황에게 귀결시켜 천황을 절대화하고 있었던 것에 반해 공무합체파는 천황을 상대화하고 천황의 절대화로부터는 어느 정도 이탈해 있었다. 1863(분큐3)년 5월 하순부터 6월에 걸쳐 존양파와의 군사적인 대결을 숨긴 채 병사를 이끌고 상경하려고 했던 로주 오가사와라 나가미치小笠原長行는 그 해 3월에 양이의 기한일이 문제가 되었을 때 쇼군에게 건백한 개국론에서 다음과 같이 이야기하고 있다. 즉 칙령(천황의 명령)이라고 하면 이해득실을 따지지 않고 오로지 그것을 지킨다는 것은 '부녀자의 소행'이라고 한 것이다. 한편으로는 천황을 절대화한 존양운동, 다른 한편으로는 천황을 상대화한 공무합체운동, 이 두 개의 정치운동·정치노선은 대립하면서도 서로 교차했다. 이 절대화와 상대화의 정치 논리의 대립·교차야 말로 게이오기(1865~1868년)에 토막파를 성립시키고 토막운동을 전개시킨 요인이었다.

토막파의 논리

막부말기의 '지사'들은 그들의 편지에서 천황을 은어로 '옥玉'이라고 표현하고 도막을 획책하는 것을 '연극'이라고 했다. '옥'을 빼앗기면 '연극'은 모두 무너진다는 식으로—.

그들이 '옥'을 어떻게 불렀는지는 알 수 없다. 필자는 이 '옥'에는 '교쿠'라고 읽는 측면과 '다마'라고 부르는 측면이 있었다고 생각한다. 교쿠는 장기에서 말하면 궁이다. 적에게 빼앗기면 지는 것이다. 그래서 옥은 절대적인 것을 의미한다. 다마에도 가장 소중하다는 의미가 있으나 여기에는 책략 등의 수단에 사용한다는 정치적인 이용의 의미도 포함되어 있다. 그렇다면 교쿠는 존양운동이 전개되는 가운데 강렬하게 등장한 천황에 대한 절대적인 가치관이고, 다마는 공무합체운동의 상대화에 의해서 탄생한 정치적 이용성을 나타낸다. 천황을 가리키는 은어인 '옥'에는 이 두 가지 의미가 내포되어 있던 것이다. 이 두 가지 의미를 내포하는 '옥'을 게이오기의 토막운동은 표상으로 삼았다. 말하자면 이것은 존양운동과 공무합체운동을 통합한 것이다.

1865(게이오원)년 9월에 오쿠보 도시미치는 사이고 다카모리에게 보낼 편지를 쓰고 있었다. 이른바 '지당한 도리가 있고 천하 만인이 지당하다고 섬겨야 칙명인 것이지 의義가 아닌 칙명은 칙명이 아니기 때문에 섬기지 않아도 좋다'고 했다. 이것은 제2차 조슈 정벌을 허가한 조정에 대한 비판을 담은 것이었다.

오쿠보는 천황의 명령은 절대적이라는 것을 전제로 하면서도 의에 합당하지 않은 칙명은 칙명이 아니라고 한 것이다. 여기에서는 칙명 그 자체의 절대성과는 별개의 판단 기준이 요구된다. 별개의 판단 기준이란 무엇인가? 그것은 천하 만인이 납득하는, 즉 천하의 여론(공론)을 가리킨다. 무엇을 천하의 여론이라고 볼 것인가? 여기에 토막파의 판단이 들어간다. 결국 공론은 조정(공)과 서로 겹친다. 토막파는 천하의 공론을 내세워 스스로의 주장을 천황과 결부시킴으로서 지당한 도리를 가진 칙명으로 만들었다. 칙명은 토막파의 가치판단을 통해서 처음으로 칙명이 되고 천황은 토막파의 정치조작에 의해 절대화된다. 교쿠와 다마의 교차 이론은 게이오기의 '옥'으로서의 천황 안에 응축되어 있었던 것이다. '옥'=천황 안에 응축된 이 교쿠와 다마의 이론이야말로 토막운동의 논리였다.

1866(게이오 2)년 12월 25일에 고메이천황이 급사하고 이듬해 1월에 아직 어린 무쓰히토睦仁(후의 메이지천황)가 즉위했다. 천황의 급사에 대해서는 두창이었다는 설과 독살이라는 설이 있었다. 당시 궁중에서 독살되었다는 소문이 빠르게 전해지자 주모자로 토막파에 속한 멤버의 이름이 거론된 것은 독살이 사실인지 아닌지는 제쳐두고 양이를 고집하는 '옥'을 제거하고 새로운 '옥'으로 바꾼다는, 바로 거기에서 토막파의 논리를 읽을 수 있기 때문이었다.

4. '대군(大君)'제 국가로의 꿈

삿초의 전환·동맹과 국제정세

1864(겐지원)년부터 게이오기(1865년 이후)에 걸쳐 정치 정세는 크게 변화한다. 참예회의의 해체(1864년 3월)는 공

무합체파 다이묘와 막부와의 거리를 크게 벌렸다. 제1차 조슈 정벌(같은 해 7월) 때에는 막부 측에 서 있던 사쓰마번이 이듬해인 1865(게이오원)년 9월에 막부가 제2차 조슈 정벌 명령을 내리자 움직이려고 하지 않았다.

조슈번은 겐지기(1864~1865년)에 일어난 내전을 거쳐 토막파가 주도권을 쥐게 되자 번 전체의 군사체제를 확립시켰다. 1864년 말부터 1865년 1월에 걸친 다카스기 신사쿠의 바칸(시모노세키) 거병이 그 전기가 되었다. 다카스기는 신분에 관계없이 뜻이 있는 사람들로 만든 기병대(1863년 6월 창설. 병사는 거의 무사와 농민이 반반이었음)를 비롯한 모든 군대를 이끌고 세토우치瀬戸内 일대의 촌락 지배자층(호농상)에게 호소하여 민심의 안정을 내걸고 바칸에서 거병했다. 그리고 세토우치 내 일정 지역의 쇼야庄屋(에도시대 마을의 촌장-역주)·다이쇼야층大庄屋層(호농상)을 기반으로 민중이 봉기하고자 하는 에너지를 자기 측으로 끌어들여 반대파로부터 권력을 탈취하는 데 성공했다. 이 번이 개국으로 내디딘 것은 1864(겐지원)년 8월에 영·불·미·네덜란드 4개국의 연합함대가 시모노세키를 공격하여 호된 패배를 당하고 얻은 교훈 때문이었다.

사쓰마번도 사쓰에이薩英 전쟁(1863[분큐3]년 7월)에서 패배하여 영국에게 접근하기 시작했다. 어쩔 수 없이 개국할 수밖에 없다는 것을 자각하자 조슈번과 사쓰마번 사이의 거리는 확연하게 줄어들었다. 그리고 1866(게이오2)년에 이 두 번은 6개조로 이루어진 동맹을 맺었다(삿초동맹). 이것은 막부와 조슈 간에 개전을 할 경우, 또는 하지 않을 경우, 종국에는 승부의 양쪽 국면을 시야에 넣은, 정세를 리얼하게 인식한 맹약이었다. 당사자인 사쓰마의 사이고 다카모리·오쿠보 도시미치와 조슈의 기도 다카요시, 중재를 한 사카모토 료마·나카오카 신타로中岡慎太郎 등이 막부와 대결하는 진행과정을 예상하면서 번과 번의 연합이 아니면 막부와는 대항할 수 없다고 간주하여 맺은 동맹이었다. 그와 동시에 이 군사동맹은 삿초 두 번이 서일본 시장을 제압하여 오사카를 주무르고 막부의 전국적인 시장지배와 대결하려는 경제동맹(상사[商社] 맹세라고 한다)도 상정하고 있었다. 목표로 한 지점은 막부를 무너뜨리고 천황 중심의 통일 국가('황국')를 만드는 것이었다.

그렇기 때문에 히토쓰바시 가문·아이즈번·구와나번

桑名藩[13] 등이 조정을 옹립하여 그것을 방해하려고 할 경우에는 결전 이외의 방법은 없다고 했다. 설령 이치·가이·소 정권이 조정을 옹립하더라도 물러나지 않는다. '옥'은 빼앗으면 되는 것이다. 여기에서는 앞절에서 살펴본 토막파의 논리가 엿보인다.

막부와 삿초연합이 대항하는 배후에는 국제세력이 뒤엉켜 있었다. 1864(겐지원)년 3월에 레온 로슈Léon Roches가 프랑스의 주일공사로 부임하자 그는 그때까지 영국이 리드해 온 것에 대항하여 독자적인 움직임을 보였다. 막부 특히 막부 내의 친불파(오구리 다다마사[小栗忠順]·구리모토 곤[栗本鯤] 등)에게 접근하고 나아가 제15대 쇼군 자리에 부임한 도쿠가와 요시노부에게도 접근했다. 막부도 로슈와 결부됨으로서 삿초세력과 적극적으로 대결하려고 했던 것이다. 영국은 주일공사 올코크의 후임으로 1865(게이오원)년 윤달 5월에 파크스가 부임하여 관원인 어네스트 사토우와 함께 활약했다. 영국은 중립을 가장하면서도 실질적으로는 삿초를 지원하고 있었다. 국내 세력의 대립은 국제세력에 의해 채색되고 있었던 것이다.

---

13) 이치[—]·가이[슱]·소[桑] 권력이라고 부른다[3개 번의 첫 글자를 따서 부른 이름]

도쿠가와 요시노부(이바라키현립[茨城県立] 역사관 소장)

이것은 국내뿐만이 아니었다. 프랑스의 황제 나폴레옹 3세가 1867(게이오3)년에 개최한 파리 만국박람회(개회는 양력 4월 1일[음력 2월 27일])에서도 드러난다. 막부의 출품에 대해서 사쓰마번과 사가번佐賀藩은 독자적인 진열장을 요구했다. 일본을 대표하는 것은 막부만이라는 막부의 주장은 퇴색될 수밖에 없었다. 결국 막부는 '일본 대군정부', 사쓰마번은 '일본 사쓰마 태수정부太守政府', 사가 번은 '일본 히젠 태수정부'의 이름으로 따로 출품하여 각각 일장기를 내걸었다. 국제사회에서 막부의 권위가 실추된 것은 너무나 명백했다.

도쿠가와 요시노부의 게이오 개혁

　원래 막부도 수수방관하고 있었던 것만은 아니다.

　1866(게이오2)년 7월 20일에 제14대 쇼군인 도쿠가와 이에모치는 조슈 정벌을 위해서 출진을 준비하던 오사카성에서 숨을 거뒀다. 8월 20일에 막부는 장례를 치루는 동시에 히토쓰바시 요시노부의 도쿠가와 종가상속을 알리고 이듬해 21일에 휴전통지서를 제출했다. 심각하게 고려한 끝에 종가를 계승한 도쿠가와 요시노부는 9월에는 인재등용·군사력 강화·외교 신의信義 등 8개조의 개혁 강령을 발포하고 게이오 막정幕政개혁을 단행했다. 그러나 그는 쇼군직을 좀처럼 수락하지 않았고 모든 다이묘의 중의에 의한 추천이라는 조건이 마련될 때까지 기다려서 12월이 되서야 15대 쇼군 자리에 올랐다.

　게이오 개혁을 추진한 것은 로주인 이타쿠라 가쓰키요板倉勝清, 이나바 마사쿠니稲葉正邦, 오가사와라 나가미치, 오메쓰케大目付인 나가이 나오무네(후에 와카도시요리가 됨), 외국부교 히라야마 요시타다平山敬忠(후에 와카도시요리나미[若年寄並]가 됨), 간조부교인 오구리 다다마사, 구리모토 곤 등이다. 그들은 거의 개국 이후의 인재등용의 길을 통해서 등장한 실력파 관리들로 특히 중심은 외교·군사적 측면과 행정·재정적 측면을 연결하는 위치에 있는 오구리와 구리모토로 대표되는 진보적인 관료 세력이었다. 이것을 외부로부터 지지하고 개혁구상을 구체적으로 제안했던 것이 프랑스 공사인 로슈였다. 막부는 내정·외교·군사·재정·경제 등 제반에 걸쳐 혁명을 추진하고 조슈의 재再 정벌의 실패에 의해 잃어버린 막부의 권한을 회복하기 위해서 노력했다.

막부 측의 체제 개혁 구상의 흐름

여기에서 막부말기와 개국 이후에 이루어진 체제 개혁의 구상에는 어떠한 것이 있었는지 그 흐름을 되짚어 보자.

1857(안세이4)년에 에치젠 번주인 마쓰다이라 요시나가는 막부의 지금까지 이어져 온 로주 제도 대신에 후다이·도자마·가몬家門을 섞어서 어삼가 중에서 한 사람을 총독으로 삼고 5명의 다이로를 두는 계획을 생각하고 있었다. 그의 심복인 하시모토 사나이橋本佐内의 구상은 외압을 의식해서 쇄국을 허가하지 않는 것이었다. 그리고 쇼군 아래에 마쓰다이라 요시나가·도쿠가와 나

리아키(미토)·시마즈 나리아키라(사쓰마) 등 웅번의 실력 있는 번주들을 국내사무재상國內事務宰相으로 임명하고 나베시마 나리마사鍋島斉正(사가)를 외국사무재상外國事務宰相에 임명하여 각각에 가와지 도시아키라川路聖謨·나가이 나오무네·이와세 다다나리 등 유능한 막부의 신하를 넣어서 정무를 보도록 했다. 이와 동시에 교토와 에조치(현재의 홋카이도[北海道]·사할린·지시마[千島]의 총칭-역주)에도 가몬·후다이, 혹은 도자마 웅번을 보내고 작은 번의 뜻 있는 자들도 추천하여 기용하게 함으로써 서양 기술의 수용과 물산의 유통 장악, 에조치 개척과 항해술 등이 번성하도록 했다.

분큐기(1861~1864년)에는 개화파 막부 신하 중 한 명인 오쿠보 다다히로(이치오)가 공의회의 설치를 주장했다. 공의회를 축으로 한 정권 플랜이었다. 대공의회를 교토 또는 오사카에 두고 모든 다이묘를 의원으로 하여 국사를 논의하게 하고(일원제의회[一院制議會]), 소의회는 에도 외의 각 도시에 설치해서 지방의회의 역할을 수행하도록 했다.

가토 히로유키加藤弘之(반쇼시라베쇼[藩所調所])[14] 교수 보조,

---

14) 에도 막부의 직할로, 양학의 교육기관

이즈시번[出石藩] 출신)도 '상하 분권의 정치체제를 만들어 공회를 마련하고 공명정대한 정사를 실시한다.'(『최신론[最新論]』)고 주장했다. 이것은 중국 청조의 개혁에서 이름을 빌린 개혁론으로 오쿠보의 공의회론과 상통하는 점이 있다.

이러한 점들을 보면 요시나가와 사나이의 막번체제 재조직론과 병행해서 유럽의 근대적 정치제도를 도입한 입헌정체론이 점차 막부 측의 개혁구상의 흐름으로 형성되고 있다는 것을 알 수 있다.

게이오기의 막부 구상

게이오기, 특히 1867(게이오3)년이 되면 그 구상은 더욱 구체적으로 드러난다.

그 해 7월 신슈우에다信州上田 번사인 아카마쓰 고자부로赤松小三郎(난학을 배우고 영국식 병학을 배움)는 마쓰다이라 요시나가 앞으로 보낸 의견서에서 공무합체론에 입각하여 내각제·이원제라고 할 만한 것을 주장했다. 천자(천조[天朝]) 아래 쇼군·공가·다이묘·하타모토旗本 중에서 유능하고 다양한 분야에 정통한 인물 6명을 골라서 그 중에 한 명을 국정 전반을 통괄하는 행정부의 장으로 삼고 다른 5명을 재정·외교·군사·형법·조세의 각각을 관장하는 재상으로 임명한다는 것이다. 바로 천자 아래의 내각제이다. 의정국議政局은 상하 2국으로 나눠 상국(약30인)은 공가·다이묘·하타모토에서, 하국下局(약 130명)은 각 번에서 문벌귀천에 상관없이 인재를 선거해서 공평하게 등용한다. 의정국은 입법의 임무를 수행하고 국사의 모든 것은 상하 2국에서 결의한 후 천조에 건백하여 그 허가 하에서 나라 전체에 명한다는 것이다(허가하지 않을 때에는 다시 토론하고 같은 절차를 밟는다).

9월에는 양학자 쓰다 마미치津田真道(쓰야마번[津山藩] 출신)가 '일본국 총제도總制度'라는 구상을 막부에 제출했다. 쓰다의 안은 도쿠가와 씨가 전국을 관할하는 총정부(행정부)의 장으로서 군사권도 장악하고 입법은 총정부와 법제 상하 양원이 분장하며(분장의 구체안은 불명), 이 양원에 모든 다이묘와 전 국민의 대표자(10만 명에 1명)가 참가한다는 것이다. 이것은 도쿠가와 요시노부를 중심으로 하는 전국적인 정권 구상이었다.

이것은 마쓰다이라 노리타카松平乘謨(오규 유즈루[大給恒])가 10월 18일에 낸 건의서의 내용과 비슷하다. 그 개요는 다음과 같다.

(1) '전국' 및 '주군州郡'에 상하의 의사원議事院을 만든
다. '전국'의 상원은 다이묘들 중에서 10명을 인선하
고 하원 30명은 다이쇼묘大小名[15] 중에서 무차별적
으로 고른다. '주군'의 상원(10명)은 다이쇼묘 중에서
임명하고 하원(30명)은 번사를 포함해서 널리 인선한
다. 인선은 선거에 의한다.

(2) 국정은 모두 상하원의 논의를 거친다. 그 결정사항
에는 '주상'도 이론을 제기하지 않는다.

(3) '전국 수호의 병사'를 둔다. 이를 위해서 새로운
육해군을 마련하고 각지의 요충지에 배치한다. 전국
수호병인 육해군 사관은 다이쇼묘·번사 중에서 널
리 인선하고, 용기 있고 뜻이 있는 사람을 고르며 비
용은 다이묘·사원寺院들에게 수확 중 3분의 2를 납입
하게 한다. 또한 상업세 등을 포함하여 널리 일반에
게 징수하여 사용한다.

---

15) 에도시대 영지의 생산고가 만 석 이상인 다이묘로 그 중 생산고가 많은 것과 적
은 것을 일컬음

위의 안은 조정과 중앙정부와의 관계에 대해서는 분명하지 않지만 요컨대 각 번의 '사권私權(사법[私法]관계에서 인정되는 권리-역주)'을 중앙 정부에게 주고 군사력도 거기에 집중시키며 국정은 모두 의사원이라는 의회의 논의를 거쳐서 시행한다는 것이다.

이 안이 10월 14일의 대정봉환 이후 4일째에 제출된 것에 주의해야 할 것이다.

'대군'제 국가구상

대정봉환의 전날, 즉 1867(게이오3)년 10월 13일에 양학자인 니시 아마네西周(쓰와노[津和野] 번의[藩医]의 아들로 번적[藩籍, 번의 신하로서의 중명-역주]에서 탈퇴하여 양학을 배워 반쇼시라베쇼에 출사, 교수의 보조급이 된다. 1862년에 쓰다 마미치와 함께 네덜란드로 유학, 법률·경제·철학 등을 배우고 귀국한 후 1866년에 개성소[開成所][16]의 교수가 되었다)는 갑작스럽게 니조성二條城의 오히로마大広間로 호출되었다. 오히로마의 복도에는 병풍이 둘러쳐져 있었다. 그 안에서 제15대 쇼군 도쿠

---

16) 양학의 교육기관인 반쇼시라베쇼가 요쇼시라베쇼[洋書調所]가 되고 다시 개성소로 개칭되었다

가와 요시노부와 니시가 마주보고 있었다. 그 무렵 니시는 요시노부의 측근인 오쿠즈메나미奥詰並(쇼군의 자문역·역주)였다. 그는 요시노부에게 프랑스어를 가르치는 한편 막부를 위해서 외교문서를 번역하기도 했다.

도쿠가와 요시노부는 국가의 삼권분립과 영국의 의원제도 등을 니시에게 물어보고 니시는 그러한 것들의 대략적인 내용에 대해서 이야기했다. 그리고 그것을 적어서 다음날 요시노부에게 제출했다고 한다.

요시노부가 대정봉환 직전까지 유럽의 근대 국가의 모습과 의원제에 관심을 기울이고 있었던 것은 매우 중요하다.

11월에 니시는 「의제초안議題草案」을 집필하여 요시노부 측근의 히라야마 요시다다(와카도시요리나미)에게 제출했다. 아마 니시가 요시노부를 위해서 입안한 것이라고 생각되며 현재 국회도서관 헌정자료실 서고에 보관되어 있다. 이 「의제초안」을 간단하게 그림으로 표시해 보자(83페이지의 그림). 그 특징은 다음과 같다.

   (1) 대군은 중앙권력의 정점에 위치한다. 행정부인 공부公府는 오사카에 두고 그 밑에 5개(장래에는 6개)의

사무부를 두며 재상이 한 명씩 이것을 관할한다. 이 것은 1866(게이오2)년에 막정개혁을 단행한 요시노부 정권을 바탕으로 하고 있기 때문에 매우 현실적이 다. 공부는 잠정적으로 사법권을 가진다.

(2) 입법부인 의정원은 상원과 하원으로 나눈다. 상원 은 만석 이상의 다이묘로 구성하고 하원은 각 번에 서 여론에 부합하는 인물 중 1명을 번주가 선임하는 것으로 구성한다.

(3) 대군은 공부와 의정원 양쪽에 모두 관여하여 원수 로서 행정권을 쥐고 공부의 인사권을 비롯한 상벌·법 령 법도 등을 장악한다. 또한 상원의 의장이 되며 하 원의 해산권을 가진다. 대군의 권한은 절대적이다.

(4) 여러 번은 지금까지와 다름없이 번령藩領을 가지 고, 에도는 도쿠가와 씨의 직할로 한다. 군사권은 당 면한 각 번이 가지고 있지만 결국 대군이 장악한다.

(5) 천황(조정)은 야마시로국山城国(현 교토부의 남부-역주) 에 가둬두고 원호·도량형의 제정권, 서작권敍爵權 내 지는 종교(불교)의 장으로서 적합한 권한을 부여한 다. 의정원에서 의정한 법의 흠정권欽定權(천황의 명으 로 제정한다)은 있어도 거부권은 없다. 독자적인 군사

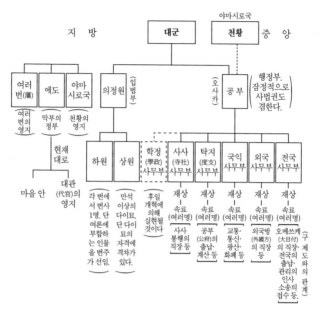

니시 아마네가 1867(게이오3)년 11월자로 작성한 「의제초안」의
'대군'제 국가구상

력은 가질 수 없다. 즉 천황에게는 지금까지와 마찬
가지로 전통적인 권위는 인정하지만 정치적 실권은
없다. 단지 다이묘에게 시기에 맞는 헌상물은 받을
수 있다.

요컨대 이 구상은 대군에게 정치·경제·군사 그리고
사법 등의 권력의 실권을 집중시키는 시스템이다.

공부를 오사카에 두는 것은 삿초동맹 때 본 것처럼 당시 서남 웅번이 지배하려고 기획한 서일본 시장을 오사카에서 억제하여 정치적으로도 서남 웅번을 감독하려고 한 것이다. 이것은 동시에 새롭게 전개되고 있었던 전국 시장을 여기에서 재 장악하는 것을 의미하고 에도의 직할과 함께 전국의 정치·경제 지배의 주축으로 삼을 의도를 드러낸 것이다.

「의제초안」은 대군을 영국의 왕, 터키의 술탄, 러시아의 차르에 필적하도록 했다. 이 대군은 도쿠가와 요시노부를 말하는 것으로, 의회제(공의정체[公議政體])를 도입하여 권력을 요시노부에게 집중시키려고 하는 새로운 통일국가의 통치구상이라고 해야 할 것이다. 이것은 이미 살펴본 막부 측의 새로운 정권 구상 흐름의 종착지로, 바로 신 도쿠가와라고 해야 할 '대군'제 국가의 구상이라고 할 수 있다.

미연의 가능성

이 '대군'제 국가구상은 실현은 되지 않았지만, 실현될 가능성이 없었던 것은 아니다. 변혁기가 가능성의 시대였다면 실제로 전개된 역사만이 반드시 가능성 중 유일한 것이었다고는 할 수 없다. 아주 적은 여건과 상황의 차이에 의해 다른 선택지가 실제 역사과정이 될 수는 있다. 그렇다면 남아있는 역사적 자료들 중에서 현실에서는 전개되지 않았지만 전개될 가능성이 있었던 선택지를 발견하여 그 선택지를 둘러싸고 역사적인 고찰을 가미하는 것은 매우 적절하다고 하겠다. 이것을 필자는 '미연의 가능성'이라고 부르겠다. 이것은 '만약'이라는 역사학의 터부를 침범하는 것과는 다르다.

이 '미연의 가능성'에 대해서 한 마디를 더 첨부한다면 이것은 패자의 관점과도 통할 것이다. 그 때의 조건에 의해 승자와 패자의 입장이 정반대가 될 수도 있다. 그러나 승자가 되어버리면 '이기면 허물이 없다'라는 말처럼 승자의 눈으로밖에 역사를 보지 않는다. 아니, 승자를 정당화하는 역사가 만들어지는 것이다. 메이지 유신사도 예외는 아니다. 그렇기 때문에 역사를 객관적으로 파악하기 위해서는 승자의 눈에는 보이지 않는 패자의 입장에서 본 역사가 필요하다. 여기에는 발을 밟은 쪽에서는 알 수 없는 밟힌 쪽의 아픔이 있다. 이 통증을 가진 역사는 '미연의 가능성'이라는 발상을 내포한 역사와 중첩되는 것이다.

　다시 본론으로 돌아와서 방금 전에 확인한 「의제초안」에서 드러나는 '대군'제 국가 구상을, 이미 살펴본 막부 측의 일련의 새로운 통일국가 구상의 흐름 속에서 놓고 보면, 이것은 요시노부로부터 대정봉환 직전에 하문을 받은 니시 아마네라는 지혜 보따리가 짜낸, 대정봉환의 종착지를 모색하고 있었던 요시노부에게 가장 현실적인 계획이었다고 할 수 있다.

　교과서식으로 설명하면 대정봉환(1867~)→ 왕정복고(같은 해~)→ 도바·후시미鳥羽·伏見전투(1868~)라는 흐름이 되는데 이 가운데에 이 '대군'제 국가에 대한 계획을 끼워넣어 보면 어떻게 될까?

'대정봉환'의 진의와 그 후의 도쿠가와 요시노부

　요시노부가 정권을 조정에 반환하고 정치적 실권을 놓으려고 했다면 대정봉환이 있었던 4일 후에 막부 측에서 마쓰다이라 노리타카의 구상이 만들어지거나 11월에 니시 아마네의 '대군'제 국가구상이 제출될 리가 없었다. 그렇기 때문에 당시 막부 측에 선 에치젠의 번사조차도 대정봉환은 봉환을 받은 조정이 이것을 어찌할 수가 없기 때문에 천황은 다시 정권을 요시노부에게 위임할 것이라는 점을 노린, 요시노부의 막부 권력의 회복책을 내포한 '책략'이 아닌가 하는 의혹을 완전히 씻어낼 수가 없었다. 막부에게 여러 방면의 정무를 위임한 일은 그때까지 2번(1863년과 1864년)이나 있었기 때문에 요시노부가 3번째를 예상했다고 하더라도 부자연스럽지는 않다. 대정봉환은 「막부의 밀칙」(10월 13일·14일)을 손에 넣은 토막파의 무력 행사의 구실을 완전히 없애버렸다. 그리고 정세는 혼돈스러워져서 모든 다이묘는 형세를 관망하는 상태가 되었다. 대정봉환 후에는 사카모토 료마도 '싸우지 않는다.'고 말하기 시작하여 토막파와의 사이에 거리가 생기기 시작했다(11월 15일, 료마 암살).

이러한 정세 하에서 로주카쿠老中格 겸 육군 총재인 마쓰다이라 노리타카 이하 막부군은 상경 길에 오르고 하타모토들도 에도에서 교토로 결집하기 시작했다. 토막파는 위기감을 느껴 12월 9일에 왕정복고를 위한 쿠데타를 감행했다. 막부와 섭관제攝關制[17] 등

---

17) 헤이안 시대부터 이어져 온 섭정[攝政]과 관백[關白]이라는 고위 관직 제도

의 폐절을 선언했다. 불만을 가진 공의정체파公議政體派[18]의 모든 다이묘들은 반격을 꾀하고 요시노부는 오사카성으로 옮겨 주변을 구 막부군이 지켰다. 그리고 모든 외국의 사신에게는 조약 이행의 책임을 진다고 통지하고 정권의 소재는 여전히 도쿠가와 씨에게 있다는 것을 국제 세력에게 알렸다. 이것은 요시노부가 '대군'제 국가의 길을 걸으려고 한 것을 의미한다.

절박해진 토막파는 막부 측을 도발했다. 1868(메이지원)년 1월 3일에 일어난 도바·후시미 전투가 그것이다. 군사력으로 '대군'제 국가로의 길을 분쇄하려고 한 것이다.

첫 번째 전투의 패배가 요시노부의 전망을 어둡게 했는지 그는 어둠을 틈타 오사카성을 탈출하여 막부의 함선인 가이요마루開陽丸를 타고 에도성으로 돌아갔다. 그리고 그는 쓰다 마미치에게 집의소集議所 창립에 대해서 의논하고 1월 하순에는 니시 아마네에게 입헌정체에 대해서 조사하도록 명령했다. 여기에 쓰다와 가토 히로유키 등도 참여시켰다. 이것은 무엇을 의미하는 것인가?

---

18) 웅번의 다이묘 등 유력자를 모은 의회를 설치하여 정치를 하려고 한 일파로, 토막파와 대립했다

외국의 신문들은 동쪽으로 돌아간 요시노부의 동향에 대해서 다수의 장비를 정비한 병사와 다량의 무기·탄약 등의 군사물자를 모아 패배 전보다도 요시노부의 군사력은 강화되고 에도의 방비는 착착 진행되고 있다고 보도했다. 즉 '싸울 작정이 없다면 이러한 행동들은 불합리할 것이다'라고 보도했다(『노스·차이나·헤럴드』지, 양력 1868년 3월 14일자). 동쪽으로 돌아온 후에도 입헌체제를 만드는 것에 집착하고 있었던 것을 생각해 보면 요시노부의 '대군'제 국가에 대한 집착을 읽어낼 수가 있다.

그러나 정세를 어찌할 수 없다고 판단했는지 요시노부는 2월에 에도성에서 우에노上野의 도에이잔대자원東叡山大慈院으로 거처를 옮겼다. 그리고 4월 11일 에도 개성開城의 날에는 미토로 향하고, 7월에는 슨푸駿府(시즈오카[静岡])의 보대원宝台院으로 들어갔다.

이후에 요시노부는 환갑 직후인 1897(메이지30)년 11월까지 사적으로 상경한 것 이외에 공적으로는 한 번도 상경하지 않았다. 중재를 하는 자가 있어서 이듬해인 1898년 3월에 처음으로 입궐하여 메이지 천황과 황후皇后를 알현했다. 이때 천황과 요시노부는 술잔을 주고받았다고 한다. 그 때의 모습을 천황은 이토 히로부미

伊藤博文에게 "이토, 나도 오늘로서 드디어 지금까지의 일을 속죄할 수 있었어. 요시노부의 천하를 뺏었는데 오늘 술자리를 마련하니 그는 서로가 세상 일이니 어쩔 수 없다고 하고 돌아갔어."라고 했다는 에피소드가 전해지고 있다.

요시노부의 만년인 슌푸 30년은 '대군'제 국가인 '요시노부의 천하'를 빼앗은 자에 대한 무언의 초超 정치적인 저항이었다고 할 수 있을지도 모른다. 그리고 '대군'제 국가의 '대군'의 자리를 요시노부한테서 빼앗은 측(천황)도 '요시노부의 천하'를 가로 챈 것을 자각하고 있었던 것을 이 에피소드는 말하고 있는 것이다.

이탈리아의 화가인 기요쏘네(Chiossone)가 그린 사이고 다카모리(좌)와 오쿠보 도시미치(우)『가고시마현 역사자료센터 여명관 소장』

제3장
메이지 정부의 성립

1. 권력과 민중 사이에서

5개조의 서문과 초안 변화의 의미

1946(쇼와[昭和]21)년 1월 1일에 천황의 신격화를 부정한 「천황의 인간선언」(정식으로는 「신일본 건설에 관한 조서」)이 발표되었다. 이 서두에는 5개조의 서약문이 인용되어 있다. 패전 후에 지향할 민주주의의 출발점을 메이지유신에서 찾아볼 수 있는 것이다.

이 5개조의 서약문을 살펴보도록 하자.

하나, 널리 회의를 부흥시켜 정치상의 중요한 일은 공론으로 결정한다.

하나, 위 아래가 마음을 하나로 모아서 활발하게 경륜經綸을 행해야 한다.

하나, 문무백관이 한결같이, 서민에 이르기까지 각기 그 뜻을 이루고 불만이 없도록 해야 한다.

하나, 구래의 누습을 타파하고 천하의 공도公道를 따른다.

하나, 세계에서 지식을 구하고 천황이 국가를 통치하는 기반을 굳건히 다진다.

이것은 1868(메이지원)년 3월 14일에 천황 무쓰히토(메이지 천황)가 교토 고쇼御所(천황이 거주하는 곳-역주) 내의 시신덴紫宸殿에서 공가·다이묘 및 문무백관을 이끌고 천지신명(신)에게 맹세하는 형태로 발표한 것이다. 이와 동시에 「국위선양의 신한宸翰」(기도 다카요시 기안)도 발표했다. 신한(천황 직필의 문서)은 천황의 친정(94~95페이지)에 의해 만국이 대립하여 서로 세력을 과시하는(만국 대치) 국제 정세 속에서 만민을 안심시켜 위로하고 국위를 사방에 선포할 것을 선언한 것이었다. 서문과 신한은 하나로, 당시는 신한 쪽이 중시되었다고 한다.

천황이 군신을 이끌고 신명에게 맹세하는 서약문의 형식은 천황이 신정부, 즉 권력의 주체임을 명확히 하고 그것을 신에게 맹세하는 형식으로 권위를 부여한 것으로, 인민에 대한 맹세를 뜻하는 것은 아니다.

이 서문의 초안은 1868년 1월 즈음에 후쿠이福井 번사인 유리 기미마사由利公正(미쓰오카 하치로[三岡八郎])가 의사소議事所(메이지 초기에 설치된 입법부-역주)의 규칙을 마련하기 위해 집필하여 그 후에 도사 번사인 후쿠오카 다카치카福岡孝弟가 제후회의諸侯會議(열후회의[列侯會議])의 맹약서로 변경하고 조슈 번사인 기도 다카요시가 가

필한 것이다. 최종적으로는 아마 이와쿠라 도모미와 산조 사네토미가 가담해서 14일 이른 아침에야 겨우 완성한 것으로 추정된다. 서문은 가필·수정을 할 때마다 원안에 있었던 구체적인, 한정적인 어구가 추상적인 말로 바뀌었다.

예를 들어 후쿠오카안福岡案에 있었던 '열후회의를 부흥시켜'는 '널리 회의를 부흥시켜'로 조정되었다. 그렇기 때문에 반대로 '널리 회의'는 '열후회의'를 의미한다는 것이 지금까지의 일반적인 해석이다. 그러나 이것만으로는 왜 최종적으로 '열후회의'가 '널리 회의'로 수정되었는가 하는 의문에는 답할 수가 없다.

5개조의 서문은 오사카 친정親征과 관계가 있다. 기도는 1868(메이지원)년 2월에 지금까지의 적폐를 일신하기 위해서 300명의 제후가 토지와 인민을 돌려줘야 한다는 견해를 가지고 있었는데 오쿠보 도시미치는 이것을 오사카 천도론으로 제기했다. 오사카 천도론은 단순히 수도를 교토에서 오사카로 옮기자는 것이 아니었다. 교토의 공가들의 전통에 얽매어 '발' 안쪽 깊숙이 앉아 있었던 천황을 인민 앞으로 내밀어(사실 이 무렵 이후 니시키에[錦絵, 에도시대에 창시된 화려한 색채를 다용한 우키요에浮世

繪 판화-역주에는 천황의 얼굴을 그리고 있다), '민중의 아버지'로서 깊은 은혜를 느끼게 하는 존재로 어필하는 동시에 천황이 한 번 명령을 내리면 천하가 두려움에 떠는 국가 체제를 만들어야 황위를 해외에서 빛나게 하고 만국과 대치할 수 있다고 생각했던 것이다. 그렇기 때문에 오사카 친정을 3월 21일에 한다는 지령이 서약문의 이튿날인 15일에 발표되었다. 이 3월 15일이라는 날은 삿초 토막군이 에도성을 총공격하기로 예정했던 날이기도 하다.

이러한 정치 정세 하에서 기도와 오쿠보 등의 토막파는 공가세력으로부터 이견도 많은 오사카 친정을 포함하여 어떻게 하면 신정부의 주도권을 쥘 수 있는가에 부심하고 있었다. 만약 서약문에 '열후회의'라는 말을 남기면 공의정체파가 이것을 근거로 다이묘회의를 열어 언제 반격을 꾀할지 알 수 없었다. 이러한 현실을 직시하여 '열후회의'라는 말을 삭제하고 '널리 회의'로 바꿔 씀으로서 반대세력에게 구실을 주지 않는 동시에 공의를 존중하는 인상을 심어주면서 유동적인 세력들을 '널리' 신정권 아래로 집결시킬 필요가 있었던 것이다. 신한에서도 천황의 의지를 몸소 인식하여 '사견을 버리고, 공의를 취한다.'고 표현하고 있다.

정치 강령으로서의 서약문

서약문이 문명개화적인 성격의 문장을 담고 있는 것은 당시의 대외 정세와도 관계가 있다. 때마침 고베 神戸 사건(1월 11일, 오카야마 번사[岡山藩士]가 고베에서 외국인과 충돌한 사건), 사카이堺 사건(2월 15일, 도사번병과 프랑스병과의 충돌), 영국 공사 파크스 습격사건(2월 30일) 등으로 이어지는 외국인 살해·상해사건이 일어났다. 이렇게 계속해서 일어나는 사건 때문에 신정부는 자신들의 개화에 대한 의지를 주장하지 않으면 열강의 지지를 얻을 수 없었다. 열강 외교단의 지지가 없다면 보신전쟁戊辰戰爭[1]을 수행하는 것도 불안했던 것이다.

서약문이 발표된 다음날에는 유교도덕의 오륜을 권하고 악업을 경계하며 도당徒黨·강소强訴·도망을 금하고 기독교인의 종문宗門의 금제 등을 주장하고(제1~제3찰, 「영세의 법」), 만국공법의 이행과 외국인 살상 금지 및 탈적, 부랑자가 되는 것을 경계하는(제4, 제5찰, 「일시적인 게

---

1) 1868부터 이듬해에 걸쳐 일어난 신 정부군과 구 막부군 사이의 전쟁

시」 이른바 5방五榜의 게시[2]가 새롭게 발포되었다. 이것은 신정부가 민중을 향해서 그들의 자세를 표명한 것이었다.

5개조의 서약문과 5방의 게시는 한쪽의 개화에 대해서 다른 쪽의 봉건이라는, 언뜻 보기에는 모순되는 것처럼 보이지만 이것은 방패의 양면이었다. 5개조의 서약문을 신국가의 건국선언처럼 보는 움직임도 있으나 결코 그렇지 않다. 오히려 당시 국내외의 정치 정세 속에서 만들어진 매우 정치적인 강령으로 보아야 할 것이다. 이것은 이와쿠라 사절단(후술)이 미국에서 헌법을 조사하고 있을 때 서약문을 정리한 기도가 불과 4년 전에 발표한 이 서약문을 완전히 잊어버리고 있었다는 점과도 부합된다. 건국선언과 같은 강령이라면 기도가 잊어버리고 있었다는 것은 너무나 부자연스럽다. 당시에는 서약문보다 신한이 중시되고 있었다는 점도 이와 관련이 있을 것이다.

그럼 왜 5개조의 서약문을 앞에서 살펴본 「천황의 인간선언」과 같이, 마치 민주주의의 강령처럼 받아들였는

---

2) 1868년 4월 7일에 메이지 정부가 5개의 법령을 써 놓은 푯말. 메이지 정부가 민중에게 발표한 최초의 금지령

가? 이것은 문구가 가진 혁신적인 성격과 함께 자유민
권운동이 전개되는 가운데 이 서약문의 각 조항을 민권
운동의 리더들이 국회개설을 요구하는 근거로 거론했
기 때문이었다. 민권운동을 추진한 사람들은 천황이 신
에게 약속한 서약문을 역으로 이용하여 국회개설요구
의 정당화를 꾀했던 것이다.

'공론'이 의미하는 것

5개조의 서약문 중 제1조에 나오는 '공론'의 의미를,
유신정부가 성립된 직후의 상황 속에서 살펴보자.

1868(메이지원)년 윤달 4월 21일에 발포된 정체서政體
書(메이지 정부가 5개조의 서문을 바탕으로 발포한 정치 조직법-역주)
는 처음에 5개조의 서약문을 내걸었다. 천황을 중심으
로 '천하의 권력을 모두 태정관으로 귀속시킨다.'고 하
여 권력의 집중을 주장하면서도 형식적으로는 삼권분
립과 협의를 하는 의사제도를 채용하고 '공의公議', '공
론'(이하, '공론'으로 일괄적으로 표기함)을 거칠 것을 강조했다.
여기에서는 공무원의 교체(4년마다), 공공선거제도 규정
하고 있다.

이 '공론'은 이미 막부말기에 막부와 공의정체파가 권력을 다시 회복하기 위해서 사용한 슬로건이었다. 막부가 멸망하자 이번에는 유신관료가 이것을 의식적으로 전면에 내세우고 5개조의 서약문을 비롯해서 당시 포고하는 사항이 있을 때마다 반복해서 사용했다. 그리고 중앙정부에서도, 지방의 모든 번에서도 공의 기관(공의소·중의소[衆議所]·번의원[藩議院] 등)이 마련되어 때로는 의원이 공공선거로 뽑혀 정책을 논의했다.

그러나 이 '공론'은 유행어처럼 되었지만 신정부의 슬로건으로서 위에서 아래로 전해지는 것이었기 때문에 앞에서 서술한 '요나오시'가 지향하는 것과 관련이 있는 것은 아니었다. 오히려 이 '공론'은 다른 의견을 억제하는 수단이 되어 권력 집중(조정=천황의 권위 강화)과 그 기반의 확대에 이용되었다. '공론'은 또한 국가의 독립이라는 내셔널한 측면과도 결부되어 그 상징인 천황과도 중첩되었다. '공론'이라는 키워드에 의해 천황과 국가는 일체가 되고 천황은 만국과 대치하는 내셔널리즘의 상징으로서 사람들에게 환상을 심어주게 된 것이다.

1870(메이지3)년 3월 20일에 산조 사네토미에게 보낸 기도 다카요시의 편지는 인민을 지금까지 지속되었던

속박에서 벗어나게 하고 각자에게 '자유의 권리'를 누리게 하여 조정(천황)의 정치가 이루어지게 함으로써 모든 번의 구습을 타파할 수 있다고 말하고 있다. 즉 여기에서 말하는 '자유'는 모든 번의 구습을 타파하고 천황의 정부를 만들어내기 위한 것이었다. 그렇기 때문에 막번 체제의 해체가 진행되고 천황의 정부가 수립될 전망이 보이기 시작하자 '자유'의 권리는 불필요해졌다. 그와 동시에 '공론'이라는 슬로건도 몇 년 사이에 사라져간다. 이때는 권력의 주도권이 천황을 둘러싼 유신관료에게로 이행된 것이다.

유신관료가 목표로 한 국가체제를 이와쿠라 도모미는 다음과 같이 적절하게 표현하고 있다. '메이지 천황과 현명한 재상이 나오는 것을 기다리지 않더라도 스스로 국가를 유지하기 위한 충분한 제도를 확립해야 한다.'(1869년 1월)라고. 여기에서는 '메이지 천황'과 '현명한 재상'이 없어도 유지될 수 있는 관료제 국가를 만들어야 한다는 것을 말하고 있다. 그들이 목표로 한 근대 천황제 국가란 그러한 것이었다.

메이지 초기의 가중되는 위기

메이지 초기의 농민봉기 건수를 살펴보면 1868(메이지 원)년에 141건이었던 것이, 이듬해인 1869년에는 더욱 증가하여 151건이 되었다(1870년에는 92건, 1871년에는 64건으로 점차 감소). 이러한 봉기들은 도호쿠東北에서 규슈까지 전국에서 일어났다. 요구 내용도 생활의 곤궁함을 구제하는 동시에 정권 전환이라는 정치적 혼란과 맞물려 마을의 공무원과 호농상 등을 정부의 앞잡이로 간주하여 그들을 공격하면서 정치적인 요구를 내세웠다. 사람들은 '왕정'은 막부정치에 미치지 못하고 삿초는 도쿠가와씨보다 열등하다는 소문을 내어 어느 탐색서(1870[메이지 3]년 6월)에서는 구 막부 정치를 따르는 자가 70%로, 신정부 지지자는 30%에 지나지 않는다고 보았다.

1869(메이지2)년 4월에 도쿄 고이시카와小石川 쪽에서 보낸 격문檄文(자신의 의견이나 주장을 쓴 문서-역주)을 살펴보자. 격문은 지금의 '왕정'은 웅번에 있는 자들이 자신들의 이익을 위한 정치를 하는 것에 불과하다고 단언했다. 그리고 이 천하를 한 번에 바꾸기 위해서는 '치세안민의 대거병'을 하고 '현명한 무사를 선출, 일본의 군주'로 삼아 '공정하고 지당한 올바른 정치'를 펼쳐 인민

이 궁핍하여 괴로워하는 자가 한 명도 없도록 하고 '승평고북 야불쇄호昇平鼓腹 夜不鎖戸[3]의 세상'을 만들기 위해서 모두 하나가 되어 '의로운 거사를 위한 큰일'에 대해서 논의하자고 했다(후지이 진타로[藤井甚太郎]·모리야 히데스케[森谷秀亮] 『총합일본사대계 제12권 메이지 시대사』). 이것은 1866년(게이오2)년 8월에 있었던 에도 고이시카와의 스테소(46~47페이지)에 담긴 '요나오시'가 목표로 한 이념을 구체화시키기 위해서 공화제적인 발상이라는 측면에서 한층 더 변혁을 추진하려고 했던 것으로 생각해 볼 수 있지 않을까?

메이지 초기에는 이 '요나오시'의 이념을 향한 에너지가 사회의 가장 저변에서 소용돌이치고 있었다. 여기에 재야와 '탈적脫籍 부랑자' 무리들의 정치에 대한 불신과 불만이 더해졌다. 정치적으로는 정부 고관의 암살·습격 사건(참여[參与, 메이지시대 신정부의 고관-역주] 요코이 쇼난[橫井小楠] 암살사건, 병부대보[兵部大輔] 오무라 마스지로[大村益次郎] 습격사건, 참의 히로사와 사네오미[広沢真臣] 암살사건 등)과 반란·정부 전복사건(야마구치번[山口藩] 제대[諸隊, 막부말기와 메이지 초기에 걸쳐 편성된 군사조직-역주] 반란, 요네자와 번사[米沢藩士] 구모이

_____
3) 나라가 평화로워 백성들이 배를 두드리고 밤에 문단속을 하지 않는 것

다쓰오[雲井龍雄] 등의 음모, 오타기 미치테루[愛宕通旭] 사건 등)이 계속해서 일어났다. 이와 같이 가중되는 모순의 분출은 신정부에게는 심각한 위기였다. 내란으로도 번질 수 있는 이 가중되는 위기를 어떻게 극복할 것인가? 여기에 유신관료가 직면한 가장 큰 과제가 있었던 것이다.

2. 국가의 통일

조령모개의 제도·인사

'조령모개朝令暮改'라는 말이 있다. 아침에 내린 명령을 저녁에는 고치는 것으로, 법령 등이 금방 변해서 믿을 수 없다는 뜻이다.

메이지 초기의 관제 변천은 이 조령모개의 샘플처럼 현란한 변화를 보인다. 1867(게이오3)년 12월 9일의 「왕정복고의 대호령大号令」에 의해서 막부와 섭관제가 폐지되고 총재總裁·의정議定·참여의 3직이 생긴다. 그러나 40일이 지나지 않아서 이것은 3직 7과가 되고 1개월도 지나지 않은 1868(메이지원)년 2월 3일에는 3직 8국으로 바뀐다. 덧붙여 말하자면 윤달 4월 21일(정체서), 1869년 7월 8일(직원령[職員令]), 1871년 7월 29일(태정관 직제[職制]), 같은 해 8월 10일, 이처럼 계속해서 관제가 바뀐다. 제도가 이런 상태라면 사람의 움직임은 더욱 변화무쌍했을 것이다.

이와쿠라 도모미의 예를 들어보자. 이와쿠라는 1867(게이오3)년 12월 9일에 참여가 되고 27일에는 의정이 된다. 1868(메이지원)년 1월 9일에는 부총재, 17일에는 해육군무회계사무총독海陸軍務會計事務總督을 겸하고 2월 25일에는 우병위독右兵衛督에 임명되고 윤달 4월 21일에는 제도의 개정으로 다시 의정이 된다. 13일에 그 직책을 그만뒀나 싶더니 25일에는 또 다시 의정으로 복귀한다. 이후 1869년 7월 8일에 대납언大納言으로 임명될 때까지 그 직책에 있었다. 11월 23일에는 병부성兵部省 어용괘御用掛가 되고 이듬해인 1870년 4월 2일에는 사직하여 이번에는 7월 10일에 민부성民部省 어용괘가 되는가 싶더니 윤달 10월 5일에는 이미 사임했다. 그리고 1871년 7월 14일에는 외무경外務卿, 10월 8일에는 우대신右大臣이 되는 등 어수선한 모습이었다. 오쿠보 도시미치와 기도 다카요시도 마찬가지였다.

이것은 막 성립된 유신정부가 유동적이고 시행착오를 반복하여 제도도, 사람도 분주하게 움직인 것을 뜻한다. 사실은 이 격렬한 움직임 속에서 막부(쇼군)체제에서 천황제로 권력이 이행되었다. 동시에 이것은 막신幕臣·번신藩臣이 조정의 가신, 즉 조신朝臣으로 탈피하는 과정이었다. 또한 공가·번주 층이 후퇴하고 대신에 조신이 된 유신관료, 특히 삿초 중심의 유신관료에 의해서 번벌藩閥 정권이 공고해져 가는 것을 나타낸다. 그렇기 때문에 이것은 한편으로는 시행착오, 조령모개의 정치이기는 하지만 다른 한편으로는 이를 통해서 천황정부 안에서 유신관료가 정치의 주도권을 쥐게 되는 것을 의미하기도 한다.

번 체제 해체를 위한 번정(藩政) 개혁

보신전쟁은 경제적으로 번 체제의 해체를 촉진시켰다. 전쟁 비용의 부담은 이미 적자가 누적되어 있었던 번의 재정을 압박해서 옴짝달싹 못하게 만들어버렸다. 1868(메이지원)년부터 1871년까지 각 번의 부채[4]액은 막

---

4) 신채[新債, 메이지 정부가 번의 번채藩債를 떠맡아 채권으로 발행한 공채]

부말기 이후의 번채(구채[舊債])액과 비교해서 큰 비중을 차지했다. 이것은 급속한 물가 상승도 영향을 미치고 있었지만 보신전쟁에서 각 번이 짊어진 부담의 결과라고 봐야 할 것이다. 번찰藩札[5] 발행액과 번채액의 합계가 번의 실수입을 윗도는 번은 번찰 발행액을 알 수 있는 144개의 번 가운데 93%를 차지하는 134개에 달했다.

여기에 외국채가 더해진다. 보신전쟁 전후에 군함·기선·무기 그 외의 것을 영국·네덜란드·프러시아·미국·프랑스 등에서 수입하였고 이것이 빚이 되어버린 것이다.

재정이 불안한 번의 내부에서는 근왕·좌막이라는 이데올로기를 둘러싸고 분열하여 항쟁이 격화되었다. 여기에 봉기와 우치코와시打毀し[6]가 각지에서 일어나 번 체제는 더욱 휘청거렸다.

보신전쟁 수행의 주력이었던 서남 웅번에서는 군사력이 증대되었다. 그리고 번의 통제를 벗어난 하급무사·병사층이 대두하게 되었다. 야마구치번의 제대諸隊반란은 그 전형적인 예이다. 기도 다카요시는 이것을 '미대尾大의 폐해'라고 칭했다. 꼬리의 힘이 커져서 머리가 그

---

5) 에도시대에서 메이지시대 초기까지 각 번이 발행한 지폐
6) 에도시대에 흉년 때 빈민들이 관아나 부잣집 등을 때려 부수고 약탈한 소동

것에 휘둘려 추스르기 힘들다는 것이다. 이 반란 제대는 농민 봉기와 손을 잡는 움직임조차 보이고 있었다.

1868(메이지원)년 윤달 4월에 발포된 정체서는 지방행정을 부府·번藩·현県의 삼치제로 했는데 10월에 신정부는 「번치직제藩治職制」를 발포했다. 이것은 문벌세습의 가로家老[7] 제도를 폐지하고 집정執政·참정參政·공의인公議人 등의 간부를 두며 각 번의 기구의 통일, 번 행정과 번주의 가정家政 분리 등을 추진하려고 한 것이다. 의사議事제도의 권장도 주장했다. 인재를 등용해서 번 체제를 획일화하고 번정을 신정부의 통제 하에 두려고 했다.

번정 개혁은 계속해서 실시되었다. 이 번정 개혁은 각 번에 따라서 사정이 다르면서도 비교적 번 체제가 견고했던 웅번에서조차 신정부가 통제의 쐐기를 박아 중앙정부의 지배력은 강화되어 갔다. 정부의 번정 개혁의 의도가 가장 잘 반영된 곳은 야마구치번이었다(그렇기 때문에 제대반란은 철저하게 진압되었다). 반대로 구 번의 사족세력이 가장 많이 남은 것은 가고시마번이었다. 중앙정부의 의도를 뛰어넘어 가장 부르주아적인 지향을 보

---

7) 무가의 가신단[家臣団] 중 최고의 지위에 있었던 직책으로 정치와 경세를 보좌·운영했다

인 것은 요코이 쇼난의 흐름을 잇는 실학당이 번정의
실권을 잡은 구마모토번熊本藩이었다고 한다. 야마구치
번은 그렇다 치고 사족 중심의 가고시마번과 실학당의
구마모토번은 상반되는 방향성을 보여서 유신정부에
게는 위험한 존재였다.

재정의 파탄으로 인한 봉기와 우치코와시로 무력함
이 폭로된 많은 중·소 번들은 번정개혁을 정부의 지시
대로 시행하는 것 외에는 방법이 없었다. 번의 권력이
중앙정부에 흡수되고 통합되는 밑바탕이 급속하게 만
들어져 간 것이다.

판적봉환의 '모략'과 폐번치현

그 과정에서 1869(메이지2)년 6월 17일에 판적봉환版籍
奉還[8]이 이루어졌다. 판적이란 토지와 인민이라는 뜻이
다. 판적봉환에 이르는 수순은 이후의 폐번치현과는 완
전히 다르다. 보신전쟁의 심각한 영향으로 번을 포기하
려고 한 일부 번들은 진압되었다. 그리고 유신 관료들

---

8) 메이지 유신의 일환으로 전국의 번이 소유하고 있었던 토지[판版]과 인민[적籍]
을 조정에 반환하는 정치개혁

은 1869(메이지2)년 1월 20일에 삿초도히(사쓰마번, 조슈번, 도사번, 히젠번의 총칭-역주)의 4개의 번주에게 연명으로 조정에 판적봉환의 상소문을 제출하게 했다. 여기에서는 한편으로는 왕토 왕민론을 강조하고 다른 한편으로는 '주어야 할 것은 주고 뺏어야 할 것은 뺏어'라고 하여 소유하고 있는 토지의 재확인을 암시했다. 이것이 상소문의 첫 번째 목적이었다. 두 번째 목적은 판적봉환의 주도권을 웅번의 4명의 번주가 가지도록 하는 것이었다. 그렇기 때문에 번을 포기하려고 했던 번의 움직임은 억제되었다. 세 번째로는 판적봉환을 '공론'에 의해 결정하게 했다. 그렇기 때문에 상소문은 바로 받아들여지지 않고 회의를 열어서 결정하자고 회답했다. 유력한 번은 뒤지지 않으려고 경쟁했다. 공의소의 회의에서는 찬반이 비등했지만 결국 유신 관료가 노린 '모략'(후의 기도 다카요시의 말)은 정치적인 효과를 낳았다. 274명의 번주가 영내에서 산출되는 쌀의 총 수확량인 1904만 6천여 석(현 석고[9]로 926만 천여 석)의 판적을 봉환한 것이다. 번주는 새롭게 지번사知藩事(번 이름을 붙였을 때에는 무슨 무슨 번지사라고 한다)로 임명되었다. 정부는 지번사에게 모든 업무

---

9) 石高, 토지의 농업생산력을 쌀로 환산하여 표시한 것

를 변혁하도록 명했다. 토지·인민의 반환은 명목이었을 뿐이고, 구 번주인 지번사는 이미 정부의 지방관 중 하나에 불과했다.

1871(메이지4)년에 발포된 폐번치현은 이 판적봉환과는 대조적인 프로세스를 거쳤다. 정부는 각 번의 군사력에 규칙을 만들어 일정한 병제를 마련하기 시작했는데 1871(메이지4)년 2월에 가고시마번 보병 4대대·포병 4대, 야마구치번 보병 3대대, 고치번高知藩 보병 2대대·기병 2소대·포병 2대 합계 약 만개를 신병으로 해서 병부성이 관할하게 했다. 이것이 사쓰마, 조슈, 도사 3개 번의 군사력을 중앙으로 방출시킨 친병親兵 설치이다. 정부는 처음으로 자신들의 군사력을 가졌다. 이것은 동시에 '미대의 폐해'인 웅번의 군사력을 흡수한 것이기 때문에 일석이조의 조치였다. 이 군사력은 폐번치현 강행의 배경이 되었다(이 친병은 폐번치현을 전제로 설치된 것이 아니라는 의견도 있다).

폐번치현은 1871(메이지4)년 7월 초에 젊고 혈기왕성한 개화파의 유신관료들(야마가타 아리토모[山県有朋]·도리미고야타[鳥尾小弥太, 병학두兵學頭]·노무라 야스시[野村靖, 외무대기外務大記]·오쿠마 시게노부[大隈重信] 등)의 이른바 '서생론書

生論'을 계기로 해서 이에 대해 기도 다카요시와 사이고 다카모리 등이 찬성하여 감행된 것이었다. 이때의 폐번은 천황의 일방적인 명령으로 이루어졌다.

이러한 폐번치현이 왜 서둘러서 단행되었는가에 대해서는 외압의 영향을 비중있게 보는 의견과 외압보다도 국내의 모순을 중시하는 2가지 견해가 있다.

여기에서는 폐번의 요인들을 몇 개로 정리해 보고자 한다.

첫 번째로는 각지의 농민 봉기·우치코와시의 격화와 이어지는 고관 암살·반정부운동이 연쇄적으로 혹은 중첩되어 일어나 사회적, 정치적 위기를 증대시켜 간 점이다.

두 번째로는 보신전쟁 이후의 번 재정이 한 층 더 악화되었다는 점, 이에 대해서는 이미 언급했다.

세 번째로는 앞에서 언급한 것처럼 정부의 지시를 바탕으로 번정 개혁이 진행되고 있었던 것이다. 이것은 정부가 번에 대한 통제를 강화한 것을 의미하지만 이 통제를 벗어날 위험 요소도 역시 내포하고 있었다.

네 번째로는 위와 같은 모순들로부터 느껴지는 위기감이 반대로 정부 수뇌들이 지향하는 바를 일치하게 한 것이다. 반정부적인 움직임에 대한 탄압이 이루어지는 동시에 폐번에 대한 긴급성이 요청되었다.

다섯 번째로는 정부는 대외적으로는 유일한 주권자였지만 번이 그대로 남아있는 한 국내 지배에는 한계가 있었고 재정도 또한 안정되지 않았다. 국외와 국내의 실정이 어긋나는 현상을 극복하기 위해서도, 또한 재정 불안을 극복하기 위해서도 폐번이 필요하다고 통감했다. 유신관료들은 외압과 이와 관련된 국내의 모든 요인들을 국가의 통일을 향한 지렛대로 삼아 폐번치현을 단행했던 것이다.

이렇게 해서 261개의 번이 철폐되어 그대로 현이 되었고, 류큐를 제외하고 그 때까지 설치된 현과 합쳐서 전국은 1사使 3부 302현이 되었다. 이번에는 구 번주인 지번사는 면직되어 도쿄부東京府로 본적을 옮겼다. 부, 현의 장관은 정부가 새로 임명했다. 그 해 11월에 전국은 1사 3부 72현으로 통합되었다.

이듬해 12월에는 부, 현의 서열이 정해지고 도쿄·교토·오사카 3부, 그와 함께 가나가와·효고兵庫·나가사키·니가타라는 중요 항구가 있는 4현을 중시했다.

폐번치현은 일본이 일단 통일국가가 된 것을 의미하

는데 이것은 독일이 프러시아를 중심으로 독일제국을 형성한 1871년과 같은 해에 일어난 일이었다. 이탈리아가 거의 통일을 완성한 1870년과도 그 시기가 맞물린다. 유럽의 독일·이탈리아라는 후발 근대 국가와 동아시아의 일본이 거의 같은 시점에 근대적인 통일국가가 된 점에 유의해야 한다(프롤로그 참조).

이렇게 일본은 일단 통일국가가 되었는데 이것은 1879(메이지12)년에 이루어진 '류큐 처분'으로 비로소 완성되었다. 그렇다면 일본의 폐번치현, 즉 중앙정부의 지배가 직접 전국에 미친 이 조치는 홋카이도 지배를 위해 개척사開拓使가 설치된 1869(메이지2)년부터 오키나와를 지배하게 된 1879년까지 10년 사이에 이루어진 것이라는 점을 알 수 있다. 그러나 이것은 국가 통일이기는 하지만 국민의 창출은 아니었다. 유신관료들은 만국과 대치하는 국가는 의식하고 있었지만 인민 한 사람한 사람의 인권에 대해서는 생각하지 못했다. 민중이 그것을 자각하고 주장한 것은 자유민권운동을 통해서였다.

보복으로 인해 명명된 현 이름

여기에서 에피소드 하나를 소개해 보고자 한다. 현재 전국의 각 현의 이름을 살펴보면 폐번치현 전의 번 이름과 그 후의 현 이름이 일치하는 곳과 그렇지 않은 곳이 있다는 것을 알 수 있다.

예를 들어 가고시마·야마구치·고치·후쿠오카·돗토리鳥取·히로시마·오카야마岡山·아키타秋田 등은 그대로 현 이름으로 남아 있다. 근왕勤王의 번이었기 때문이다. 사가는 일단 이마리현伊万里県이 되었다가 다시 사가현으로 돌아갔다. 조정의 적이었던 번과 거취가 애매한 번에는 번 이름을 사용하지 못하게 했고 이 지역에는 군 이름과 산·강 이름을 붙였다고 한다. 예를 들어 마쓰에번松江藩(개칭한 현 이름, 시마네현[島根県]=이즈모국[出雲国]의 군 이름), 다카마쓰번高松藩(가가와현[香川県]=사누키국[讃岐国]의 군 이름), 구와나번(미에현=이세국[伊勢国]의 군 이름), 다카사키번高崎藩(군마현[群馬県]=고우즈케국[上野国]의 군 이름), 센다이번仙台藩(미야기현[宮城県]=리쿠젠국[陸前国]의 군 이름), 구마모토번(시라카와현[白川県]=히고국[肥後国]의 강 이름, 후에 구마모토현), 우와지마번宇和島藩(가미야마현[神山県]=이요국[伊予国]의 산 이름, 후에 에히메현[愛媛県]), 가나자와번金沢藩(이시가와현[石川県]=가가국[加賀国]의 군 이름) 등을 들 수 있다. 도쿠가와 집안의 나고야번名古屋藩(아이치현[愛知県]=오와리국[尾張国]의 군 이름), 미토번(이바라키현[茨城県]=히타치국[常陸国]의 군 이름)등도 마찬가지이다. 폐번치현 직후 수개월 동안은 합병하고 고친 현 이름에 일시적으로 조정의 적이었던 번 이름을 사용한 적도 있지만 1872(메이지5)년 1월 이후로는 '조정의 적이었던 번 이름을 가진 현은 하나도 없다'라고 단언할 수 있다(미야타케 가이코쓰[宮武外骨]『부번현제사』). 이 발안자는 부현을 감독하는 지위에 있었던 대장대보大蔵大輔 이노우에 가오루井上馨(조슈)로, 대장경大蔵卿인 오쿠보 도시미치(사쓰마)가 이에 찬동한 것은 아닐까 하고 추측해 본다.

유신정부의 기본방침은 집권적인 통일국가를 만드는 데 있었고 부, 현 이름의 경계와 영역을 확정하는 데에는 다양한 요소가 얽혀 있었다. 그러나 보신전쟁의 공훈에 대한 상여가 삿초를 중심으로 한 근왕의 번에 많았던 것, 야스쿠니신사靖国神社(초혼사[招魂社], 1869년를 1879년에 개칭)의 제신祭神이 '관군官軍'에 편중되어 있다는 점 등을 고려해 보면 역사의 승리자가 보복을 하지 않았다고는 단언할 수 없는 것이다.

흑선 내항을 서둘러 보고하기 위해서 빠른 말을 타고 달리고 있는 관리의 모습
(고베시립박물관 소장 『막말풍속도권[幕末風俗圖卷]』에서)

3. 막부 말·유신기의 서민생활

'흑선'의 충격과 시대의 위기, 그리고 서민

'흑선'의 내항은 큰 충격을 주었기 때문에 다양한 그림이 많이 남아있다. 『막부말기풍속도권幕末風俗圖卷』(고베시립박물관 소장), 『흑선내항풍속에마키繪卷』(사이타마현립[埼玉県立] 박물관 소장)는 1854(안세이원)년에 페리가 다시 내항했을 때의 모습을 그리고 있는데 여기에는 두 개의 대조적인 구도가 보인다.

하나는 '흑선'이 온 것을 파발마가 달려서 알리는 정경으로 '가나가와숙 하쓰레 마쓰히라 병부대보神奈川宿ハツレ松平兵部大輔의 그림'(위 그림)이라고 되어있다. 말을 재촉하며 한 시라도 빨리 정보를 알리려는 무사들에게

흑선을 구경하는 사람들(위 아래 모두 사이타마현립박물관 소장 『흑선내항풍속에마키』)

는 긴장감이 넘쳐흐른다. 그러나 그 옆에서는 여유있게 앉아서 휴식을 취하는 마부가 해상의 '흑선'을 바라보고 있다. 마치 무사의 '움직임'과 서민의 '고요함'을 나타내는 구도라고나 할까?

그러고 보니 또 하나의 에마키에서는 게다를 신고 한 손에 망원경을 쥔 남자와 여자를 데리고 곰방대를 물고서 먼 바다 쪽의 '흑선'을 바라보고 있는 기나가시着流し[10]를 입은 남자의 모습도 보인다(앞 페이지 위 그림). 찻집의 '흑선 구경은 쓸데없음'이라는 입간판을 곁눈질하면서 새끼줄로 연결한 울타리를 넘어뜨리고 담소를 나누면서 멀리 있는 '흑선'을 바라보고 있는 사람들도 있다(아래 그림).

여기에서는 지배 계급인 무사와는 전혀 다른 '흑선'의 신기함에 호기심을 느끼는 서민들의 모습이 보인다. 페리도 그의 일기에서 일본인들의 '놀랄 정도로 이상한 호기심'이라고 기록하고 있다. 원래 앞에서도 언급한 간노 하치로는 페리가 두 번째 내항할 때 가나가와까지 가서 '흑선'을 보았고, 페리가 처음 왔을 때의 에도에 대해서 '에도 전체는 정말이지 위에서 아래까지 모두 혼란에 빠져 전쟁이 일어날 것 같다. 모두 안심할 수는 없구나.' (『비 오는 날의 꿈이야기』)라고 적고 있어서 서민에게

---

10) 남자가 기모노를 입을 때 하카마(袴, 허리에서 다리까지를 덮는 하의로 대부분 바지처럼 두개로 나뉘어 있다)를 입지 않은 차림

도 흑선의 충격은 분명히 컸지만 무사계급이 받아들이는 것과는 그 정도가 전혀 달랐다는 것을 알 수 있다.

1864년(겐지원)년 8월에 영국·프랑스·네덜란드·미국의 4개국 연합 함대가 시모노세키(바칸)를 공격했을 때 기병대 등으로 조직된 사람들이 과감하게 저항했던 것과는 달리 일반 서민들은 전쟁이 시작되자 당황하여 산속으로 도망쳤다. 그들은 전쟁이 끝나자 점거된 포루에서 청동으로 만든 대포를 철거하는 연합군을 도와주면서 '전쟁은 싫다'고 말했다는 것을 프랑스 해군 사관인 알프레드 르상Alfred Roussin이 기록하고 있다. 덧붙이자면 현재 파리의 앤버리드(폐병원[廢兵院], 전쟁에서 부상을 입어 생활 능력을 잃은 병사를 수용하는 시설-역주)내에 있는 박물관 쪽 문으로 들어가 보면 그 오른쪽에는 비를 맞은 10개의 대포가 있다. 그 중 문 쪽 가까이에 있는 두 개는 전리품이었던 당시 조슈군의 포신이다.

이와 같은 점에서 서민은 막부말기에 일어난 정치적 사건에 대해서는 호기심과 불안을 느끼면서도 어느 정도 거리를 두고 지켜보고 있었다는 것을 알 수 있다. 이것은 그들이 자신의 생활을 지키기 위해 보여준 지혜였다고 해야 할 것이다.

그러나 이러한 서민까지도 위기감을 느꼈을 때 이것은 시대의 위기가 된다. 시대의 위기의식이 사회를 뒤덮을 때 서민은 행동에 나선다. '요나오시' 봉기와 '아무럼 어때'는 이러한 점을 드러낸 것이다. 이렇게 해서 정치와 사회도 크게 변해 간 것이다.

반 뷰렌이 그린 서민생활

서민의 일상생활의 모습은 그것이 일상적인 만큼 기록으로 남아있기는 어렵다. 그러한 점에서 일본에 온 외국인의 눈에는 처음으로 보는 민중의 생활이 이상하기도 하고 동시에 신선하기도 해서 기록으로 남아있기 쉽다. 사실 고용된 외국인을 비롯해 많은 외국인들이 남긴 기록에는 당시 사람들의 일상생활이 다양하게 묘사되어 있다.

여기에서는 요코하마에서 발행되고 있었던『더 재팬 데일리 헤럴드』지의 1881(메이지14)년 2월에 게재된 토마스 비 반 뷰렌Thomas B Van Buren의 기사「일본의 노동」을 검토해 보겠다(니시다 다케토시[西田長寿]). 반 뷰렌은 당시 요코하마에 주재했던 미국총영사이다.

일본의 인구 구성 (1875[메이지8]년)		
사족 이상	1,894,784명	
평 민	31,405,891명	
계	33,300,675명	
내 역		
남자	16,891,729명	
여자	16,408,946명	
농민(남자)	8,004,014명	14,870,426명
농민(여자)	6,866,412명	
기술자·직공(남자)	521,295명	701,416명*
기술자·직공(여자)	189,121명	
상인(남자)	819,782명	1,309,191명
상인(여자)	489,409명	
그 외(남자)	1,218,266명	2,129,522명
그 외(여자)	911,256명	
총 생산인구	19,010,555명	
14세 이하 인구	9,036,309명	

토마스 비 반 뷰렌 「일본의 노동」(니시다 다케토시 역)에서.
*합계한 숫자는 맞지 않지만 수정하지 않았다.

그는 1875(메이지8)년의 데이터에서 일본의 인구 구성을 위의 표와 같이 기록하고 있다.

그리고 일본 사회에 대해서 다음과 같이 이야기하고 있다.

'이 나라의 사회는 아시아의 다른 나라와 마찬가지로 본래 가족제도 중심의 사회였다. 가장은 그 가족 전원에 대해서 절대적이라고 해도 좋을 만큼 지배권을 가지고 있었다. 아이의 일생은 부친에 의해 설계되어 형성되고 지배되었다. 결혼은 완전히 부친의 친권 안에 있었다. 아들과 딸은 몇 살이 되어도 부모의 동의가 없으면 집에서 나와 독립할 수 없었다. 하층 사회에서는 부모가 딸을 첩과 기생으로 만들기 위해서 또는 비도덕적인 목적을 위해서 팔거나 또는 일정 기간 동안 빚진 쪽에서 노동을 하도록 했다.'

또한 그의 문장은 다음과 같이 계속된다.

'딸은 부모 곁을 떠나서 부인 또는 첩으로 다른 집안에 들어갔을 때 그 때까지 양친에 대해서 가지고 있었던 의무는 전부 남편 및 그의 부모에 대한 것으로 바뀐다. 그리고 남편과 가족의 의지에 의해서 이혼을 당하기도 하고 아이와 헤어져야 하는 경우도 있다. 이러한 가장의 권력은 대부분 없어졌지만 아직도 서양과는 비교도 안 될 정도로 막강하다.'

가부장적 사회는 유신 이후에도 뿌리 깊게 남아있었다. 아니, 막번제 사회의 무사의 가부장적인 윤리가 신분사회의 붕괴에 의해 거꾸로 민중 속으로 점차 파고들어간 것이다.

임금과 의식주와 오락

한 사람의 숙련된 농업 노동자의 임금은 식사를 포함해서 연간 약 35달러(1달러 약 1엔), 식사를 제외하면 50달러, 일당 평균은 식사 포함 15~20센트(전[錢]) 정도였다고 한다. 여성의 경우는 더 낮아서 식사를 포함해서 연간 8~10달러, 식사를 제외하고 25~30달러, 일당으로는 10~15센트였다고 한다.

농업 노동자의 여름 옷차림은 벌거벗은 것에 가깝고 겨울에는 면으로 된 기모노를 한두 장 입고 짚으로 된 샌들(와라와 조리)이나 게타를 신는다. 연간 옷에 드는 비용은 4~5달러도 되지 않을 것이라고 한다.

음식은 어떠한가? '농업 노동자의 식사는 거의 모두 야채류, 즉 쌀, 보리, 밀, 수수, 콩류, 순무, 감자와 고구마, 파, 당근 그 외의 것들이다. 지방에 따라서는 쌀이 너무 비싸서 보리, 순무, 수수 그리고 몇 종류를 더한 정도인 지역도 있다. 아주 드물게 노동자가 달걀과 닭

고기, 싼 생선을 먹는 경우도 있으나 이들은 본질적으로 채식주의자이다. 종교, 풍습, 편견, 가격으로 인해서 고기류의 소비가 금지되어 있다.'고 적고 있다.

양복이나 쌀의 섭취는 서민과는 관계가 먼 것이었다. 약간의 설명을 덧붙이자면 이러한 것들이 시골의 서민 생활에까지 영향을 미친 것은 먼 훗날의 일이었다. 이 것을 보급시킨 것은 징병제에 의한 군대였다. 군대생활 에서 군복과 쌀밥 등의 습관을 익힌 병사들이 고향으로 돌아와 그 마을에서 이러한 습관을 퍼트린 것이다.

다시 반 뷰렌의 기록으로 돌아가 보자.

주거(지역의 차는 있지만 '일 호당 거주자는 평균 5명 이하'라고 반 뷰렌은 말한다)는 대부분 단독 주택으로 서구의 건물과 비 교해 봤을 때 작고, 노동자의 집은 아무리 작은 방이 많 다고 해도 4개 이하라고 한다. '대개는 거실, 식당, 침실 을 겸한 방이 한 개, 그리고 작은 부엌과 목욕탕이 있는 정도이다'라고 하고 방에는 깨끗하고 부드러운 매트, 즉 다다미가 깔려있어서 슬리퍼는 사용하지 않는다. 그 리고 식사 때에는 높이 1피트(약 30cm) 정도의 작은 테이 블을 중심으로 가족은 바닥 위에 책상다리를 하고 앉는 다. 식사가 끝나 작은 테이블을 정리하면 거실이 되어 다다미가 의자 역할을 하고 '밤이 되면 작은 옷장에서 면으로 된 이불을 꺼내 매트 위에 펼치는데 이건 또 어찌된 일인가! 놀랍게도 침실로 변하는 것이다.'라고 감탄하고 있다.

외국인들은 몇 개인가의 기능을 갖추고 있는 방의 존재에 놀라지 않을 수 없었던 것이다. 3개의 방을 가지고 있는 집은 25엔에서 100엔으로 지을 수 있고 다다미와 창호지 문을 포함한 가구는 50엔도 들지 않는다고 한다(엔 표기는 모두 원문에 의함). 또한 집에서는 슬리퍼를 사용하지 않기 때문에 청결하고 깨끗하다고 하고, 거의 모든 집에 있는 목욕탕은 매일 데워서 사용하여 일본의 집은 싸고 작지만 쾌적하다고도 한다. '공중목욕탕에서는 벌거벗은 상태로 어디에서나 남녀의 혼욕이 이루어지는데 그러한 장소에서 실례되는 행동이나 저속한 말, 외설스런 행동을 하는 사람은 거의 본 적이 없다'고도 한다. 이러한 서술은 도시와 농촌의 차이는 있을지언정, 거의 막부말기, 유신기의 서민생활의 평균적인 모습을 보여주고 있다고 해도 좋을 것이다.

서민의 오락에 대해서는 '보름달이 뜬 중추절에는 마을 전체가 모여서 스모와 경마, 검술을 보고 있는 것을 목격할 수 있다'고 한다. '연극은 매우 활성화되어서 유랑하는 연극단(좌[座])이 이 마을에서 저 마을로 이동하면서 대나무와 거적으로 된 허술한 집을 세워 한 번에 일주일 정도 공연을 진행한다.' 이때 노동자 계급은 단 한 벌 가지고 있는 좋은 나들이옷을 차려입고 그곳을 찾아가서 마음껏 연극을 즐긴다. 남성 노동자들은 저녁이 되면 찻집으로 가서 쌀로 빚은 가벼운 술을 마시고 노래를 부르거나 내기를 하고 조루리浄瑠璃(일본의 전통예능으로 인형을 조종해서 선보이는 연극-역주)에 대해서 이야기를 한다. 여자들은 근처에 있는 집이나 목욕탕에 모여서 세상 사는 이야기로 대화의 꽃을 피운다. 남자는 장기를 많이 두는데 여자는 보다 더 간단한 장기를 즐기면서 논다. 아이들은 하네쓰키(제기 비슷한 것을 탁구채 같은 것으로 치면서 즐기는 놀이-역주)나 연날리기를 한다.'고 한다.

연날리기는 어린이들이 열중하는 놀이였다. 하세가와 뇨제칸長谷川如是閑(메이지~쇼와기의 저널리스트·사상가)의 형인 야마모토 쇼게쓰山本笑月는 자신의 견문을 정리한 『메이지세상백화明治世相百話』(주코문고[中公文庫], 1983년) 안에서 '개구장이들은 모두 연날리기에 몰두하고, 마을 안에도 연을 파는 가게가 많아서 문어가 머리띠를 한 모습의 간판이 눈에 띈다.'고 하면서 얏코다코(무가[武家]의 하인이 팔을 벌린 모습을 본떠 만든 연-역주), 돈비다코(솔개 모양의 연-역주), 고우모리다코(박쥐모양의 연-역주), 쓰루기다코(검 모양의 끝이 뾰족한 연-역주) 등을 비롯하여 글자를 쓴 연(용 용[龍], 독수리 취[鷲], 물고기 어[魚], 난초 난[蘭] 등) 등 다양한 예를 들고 있다.

반 뷰렌은 서민의 여행에 대해서도 언급하고 있다. '농한기가 되면 20명 또는 30명, 친구와 이웃을 불러서 산에 있는 유명한 신사와 절의 어딘가로 참배를 하러 가기 위해서 150마일(약 240Km), 200마일(약 320Km)이나 되는 곳을 도보로 걸어간다. 그들은 이야기를 하거나 노래를 부르면서 느긋하게 길을 걷는다. 한 낮이라도 피곤하면 나무 그늘에서 한 숨 자고 밥을 먹은 후 차를 마신다. 그들은 행복하다.'고 한다. 이 참배여행이 서민의 사회생활에서 얼마나 중요한 정신적, 육체적인 안식이 되고 동시에 새로운 다양한 산업과 생활습관에 대한 견문을 넓히는 기회가 되는지를 지적하고 있는 것이다.

문명개화의 파도와 영향

잔기리(쟌기리라고도 한다)는 메이지 초기에 나타난 남자의 서양식 머리모양을 가리키는데 개화의 상징으로 막부 말부터 시작되었다. 1871(메이지4)년 8월에 정부가 단발령, 탈도령(칼의 소지를 금지한 것-역주)을 발포하자 단발은 문명개화의 심볼이 되었다. 앞에서 살펴본『메이지 세상백화』에 따르면 야마모토 쇼게쓰의 아버지도 성격이 급한 사람 중 한 명으로, 여기에서는 '1872년에 머리를 잘라 서양식 잔기리 머리모양을 하고 당시에 팔기 시작한 서양식 우산을 쓰고 손에 등을 들고 돌아오는 길에 사람들이 신기해하며 쫓아와서 곤란했다는 이야기'라는 에피소드를 소개하고 있다.

문명개화에 대해서는『문명개화』(가토 스케이치[加藤祐一], 1873~1874년),『개화로 들어가는 문』(요코카와 슈토[橫河秋濤], 동일),『개화문답』(오가와 다메지[小川為治], 1874~1875년),『구습일신』(마스야마 모리마사[增山守正], 1875년),『문명시골문답』(마쓰가와 도키아시[松川敏足], 1878년) 등이 연이어 출간되었다. 이것은 한편으로는 문명개화에 대한 선전이었지만, 다른 한편으로는 민중들의 다양한 혼란과 반발을 드러내고 있다. 예를 들어『개화문답』에는 문명개화를 고쳐시킨 가이지로開次郎와 융통성이 없고 고집이 센 사람의 대표자로 규헤이旧平라는 인물이 등장하는데 규헤이의 말에는 전부 문명개화정책에 대해서 민중이 비아냥거리는 의미를 담은 통렬한 정치비판이 담겨있다.

그래도 기도 다카요시가 말하는 '니혼바시日本橋 부근의 문명개화'는 점차 지방의 서민에게로 침투해갔다. 이것은 지방신문의 발행이 급커브로 상승곡선을 그리는 것과 일치한다. 그리고 지방에 침투한 문명개화가 사실은 자유민권운동의 확장에 하나의 역할을 한다. 이것은 정부의 문명개화정책의 의도를 넘어서 서민생활을 변화시키는 동시에 자유와 민권이라는 새로운 자각을 사람들에게 가져오는 역할을 한 것이다.

이와쿠라 사절단의 수뇌부. 중앙에 상투를 틀고 하오리(羽織)·하카마를 입은 인물이 특명전권대사(特命全權大使)인 이와쿠라 도모미. 그 외의 4명은 왼쪽으로부터 기도 다카요시, 야마구치 마스카(山口尚芳), 이토 히로부미, 오쿠보 도시미치(쓰다주쿠[津田塾] 대학 소장)

제4장
이와쿠라 사절단과 세계

1. 이와쿠라 사절단이란?

이와쿠라 사절단과 그 특징

'이와쿠라 대사 구미파견'이라고 제목을 붙인 야마구치 호슌山口蓬春의 그림은 잘 알려져 있다. 교과서에서 본 사람들도 많을 것이다.

이것은 1871(메이지4)년 11월 12일 오전의 요코하마의 정경이다. 연기를 뿜으며 작은 증기선은 바다에 떠있는 미국 태평양회사의 외린선外輪船(추진기로 수차형태의 장치인 바퀴를 사용하는 배-역주) 아메리카호로 향하고 있다. 선상에는 이와쿠라 도모미 특명전권대사(우대신·공가 출신, 47세)와 그 양 옆에 서 있는 부사副使 기도 다카요시(참의·조슈, 39세), 오쿠보 도시미치(대장경[장관]·사쓰마, 42세)를 그린 것이다. 이들을 전송하는 부두에는 일본식 정장·양장을 입은 내외의 고관들이 다수 열을 지어 서 있다. 화려한 차림새의 부인들도 보인다.

이 날은 맑아서 추위는 그다지 심하지 않은 것 같다. 사절단 일행이 작은 증기선을 타고 항구를 떠나자 19발의 축포가 울리고 이어서 동행하여 일시 귀국하는 미국 공사 드 롱De Long에 대한 예포 15발의 포성도 울려 퍼졌다. 정오에 아메리카호는 닻을 올렸다.

이와쿠라 사절단의 출항이다. 이 사절단에는 두 명의 부사 이토 히로부미(공부대보[工部大輔]·조슈, 31세)와 야마구치 마스카(외무소보[外務小輔]·히젠)가 있고 서기관과 각 성省에서 파견한 이사관理事官, 그리고 수행원이 있었다.

출항시의 사절단 멤버는 총 46명이었다. 그 외에 대사·부사의 시종 18명, 쓰다 우메津田梅(8세, 후에 우메코[梅子]라고 개명)를 비롯한 5명의 여자를 포함한 유학생이 43명(이 중에는 프랑스로 가는 나카에 초민[中江兆民]도 있었다), 이들을 전부 합하면 107명으로 거대한 도항집단이었다.

이와쿠라 사절단의 특징은 첫 번째로 대사·부사 중에 메이지 신정부의 실력자가 있었던 점이다. 이와쿠라도 그렇지만 특히 오쿠보와 기도는 삿초를 대표하는 실력자 중에서도 실력자였다. 이사관으로는 대사·부사의 후원을 받는 인물과 각 성의 기술 관료들이 뽑혔다. 말하자면 사절단의 수뇌부는 이와쿠라를 비롯해서 삿초의 실력자를 중심으로 하는 번벌색이 짙은 멤버들로, 여기에 기술 관료가 더해져 이루어진 것이라고 할 수 있다.

두 번째는 서기관 중에는 구 막부의 신하들이 대거 참여하고 있다는 점이다. 1등 서기관에서 4등 서기관까지 10명이 있었는데 그 중 7명은 구 막부의 신하였다. 이사관의 수행자 중에도 6명의 구 막부의 신하가 있었다. 이들은 막부 말의 유학생들로, 이미 외국의 땅을 밟은 경험이 있는 경험자들이었다. 또한 양학을 배웠기 때문에 어학에 능통한 사람들이기도 했다. 사절단 수뇌부 5명 중 외국을 체험한 것은 이토뿐이었기 때문에 이들 서기관이 국제적인 경험과 지식을 보충하는 역할을 담당했다.

세 번째로는 연령이 낮은 점이었다. 46명 중 미상인 2명을 제외한 사람들의 평균 연령은 거의 32세. 사절단은 20대에서 30대를 중심으로 편성되어 있었다. 이렇게 젊다는 것은 변혁기의 특성인데 이것이 구미라는 새로운 미지의 세계에 대응하고 일본을 전통사회로부터 벗어날 수 있게 한 유연한 요소 중 하나였던 것이다.

그렇지만 이러한 것들이 사절단 속에서 미묘한 마찰을 불러일으켰다. 외국통인 서기관들은 일단 일본을 떠나자 자기 세상인양 굴었고 외국 물정에 어두운 수뇌부들과 이사관, 또는 수행자들을 미국으로 건너는 배에서부터 우롱하기 시작했다. 이사관 사사키 다카유키佐々木高行(사법대보[司法大輔]·도사, 42세)는 그의 일기에서 '서기

드 롱 합중국 공사 부인을 둘러싼 5명의 여자유학생. 왼쪽으로부터 야마카와 스테마쓰(山川捨松), 요시마스 료코(吉益亮子), 쓰다 우메코, 드 롱 미공사 부인, 우에다 데이코(上田悌子), 나가이 시게코(永井繁子) (쓰다주쿠 대학 소장)

관 중에는 구 막부의 신하가 많기 때문에 사절을 비롯한 이사관들은 유신의 복수를 당하는 꼴이었다. 정말이지 웃을 일이다.'라고 적고 '이것도 어쩔 수 없는 일이다. 외국으로 나가면 어떤 호걸도 어쩔 수가 없다'고 기록했다.

여기에서 이후의 내용을 먼저 조금 언급하겠다. 사절단의 샌프란시스코 도착 1주일 후인 양력 1872년 1월 23일(음력 메이지4년 12월 14일)에 일행의 숙사였던 그랜드 호텔(5층 건물)에서 밤 8시부터 대환영회가 개최되었다.

캘리포니아 주의 지사·시장·육해군의 장병을 비롯해서 공무원과 시민을 합쳐 약 300명이 참가했다. 회장과 창문을 꽃으로 장식하고 악대가 음악을 연주했다. 식탁에는 빼어난 아름다움을 자랑하는 음식들이 차려지고 15명이나 되는 인원이 스피치를 했다. 연회가 끝난 것은 한밤중인 12시였다.

이처럼 환영해 주는 모습을 본 기도는 앞에서 언급한 서기관들이 이사관 등에게 보인 조롱의 태도를 떠올리며 대략 다음과 같은 내용의 편지를 썼다. '드디어 일본이 문명화되었을 때 지금 우리가 미국에서 받고 있는 정중한 대접과 안내하는 태도를, 우리도 개화를 바라며 일본으로 찾아오는 아시아 국가들의 사절에게 취할 수 있을까? 아마도 다른 태도로 임할 것이다. 하물며 일반 인민에 대해서는 충분히 짐작이 가는 바가 있다.'라는 내용이었다. 미국 땅을 밟은 지 얼마 안 돼서 이러한 감정을 느낀 기도의 예견은 예리하다. 이 예민한 감각으로 기도는 일본인이라고 해도 유럽, 미국인과 다르지 않기 때문에 참된 사람을 만드는 교육이 필요하다고 하고, 문제는 배우는가 배우지 않는가 하는 차이에 있다고 강조했다. 그가 이사관인 다나카 후지마로田中不二

麿에게 교육에 관해서 상세하게 조사를 시킨 것도 그 때문이었다.

사절단의 목적과 『미구회람실기』

이와쿠라 사절단은 무엇을 위해서 이런 대 인원으로 미국과 유럽에 간 것일까?

1872년 7월 1일, 즉 메이지5년 5월 25일은 막부 말 이후 일본이 모든 외국과 맺은 조약의 개정 교섭을 시작하는 기한이었다. 사절단의 목적은 첫 번째로 조약을 맺은 각국을 내방해서 국가원수에게 천황의 국서를 봉정하고 신정부로서의 예를 갖추는 것, 두 번째로 조약개정의 예비 교섭을 하는 것, 세 번째로 일본이 지금부터 목표로 하는 근대 국가의 제도·문물을 조사·연구하는 것, 이 세 가지였다.

불과 얼마 전에 출판된 교과서에서는 사절단은 조약개정 교섭을 위해 해외로 가서 실패했다고만 기술했다. 그러나 현행 교과서에서는 앞의 세 번째 목적에 대해서 반드시 언급하고 있다. 조약개정을 위한 교섭준비는 그다지 정리되어 있지 않았기 때문에 사절단의 최대의 목적은 오히려 여기에 있었다고 해도 좋을 것이다. 즉 막번체제라고 불린 '도쿠가와 국가'가 붕괴된 후 동아시아 속의 일본이 어떻게 해서 근대적 통일국가(근대 천황제 국가)를 만들어 낼 것인지, 그것을 위해서 어떤 모델, 선택지를 선진 구미국가들 안에서 찾을 것인지—사절단은 이 국가 프로젝트를 짊어지고 있었던 것이다.

원래 이것은 조약개정과 얽혀있었다. 조약을 개정하려고 하면 당시의 국제공법(국제법)인 「만국공법」을 따라야 했다. 「만국공법」을 따르려고 하면 그것에 저촉되거나 상반되는 국내법은 개정해야만 한다. 이것은 국내의 체제정비라는 제도의 변혁을 의미한다. 변혁을 위한 근대 국가체제의 모델이 필요한 것이다.

그렇기 때문에 사절단은 구미 선진국의 국가제도와 기구, 재정·경제·산업·군사·사회·교육·문화 등 모든 분야에 걸쳐서 배우고자 했다. 이것은 사절단의 보고서인 『미구회람실기』(구메 구니타케[久米邦武, 사절단의 대사 수행, 권소외사權小外史·히젠, 33세. 후에 역사학자] 편수, 전100권, 5편 5책. 1878[메이지11]년 간행. 이와나미문고본 5책)을 보면 알 수 있다. 가타카나가 들어간 다채로운 한자어를 섞어서 문어체로 엮은 이 『미구회람실기』는 한학자인 구메

구메 구니타케 편수 『특명전권대사 미구회람실기』. 1878(메이지11)년 간행(구메 미술관 소장)

구니타케가 이사관의 보고서(『이사공정[理事功程]』)와 그 외의 것들을 참고하여 혼신의 힘을 기울여 완성한 것이다. 처음에는 이해하기 어렵지만 격조있고 깊은 통찰력을 엿볼 수 있는 그의 문장에서는 읽어 내려감에 따라 깊은 매력이 전해진다. 부디 한번 읽어보시기를 권한다.

이와쿠라 사절단의 구미파견의 구체적인 플랜 작성에는 네덜란드계 미국인이었던 벌벡Verbeck의 「브리프 스케치Brief Sketch」라는 간결하고 많은 시사점을 주는 파견 계획서가 중요한 힌트가 되었다는 점을 여기에 덧붙이고자 한다.

2. 사절단은 세계를 어떻게 바라봤는가?

'라이징 선'과 조약교섭의 실패

이와쿠라 사절단은 태평양 항로로 우선 미국을 방문했다. 샌프란시스코의 장대한 그랜드 호텔에서 일행이 대환영을 받은 것은 앞절에서 이미 언급했다.

부사 이토 히로부미는 여기에서 영어로 스피치를 했다. 바야흐로 일본은 봉건제도에서 근대 국가로 '한 개의 탄환도 쏘지 않고 한 방울의 피도 흘리지 않고' 이행했다(1871년 7월의 폐번치현을 의미한다)고 자랑스러운 듯 이야기했다. 세계 어느 국가가 전쟁을 하지 않고 봉건제도를 타파할 수 있었는가라는 것이다. 그리고 일장기에 대해서 언급하면서 '히노마루'는 '라이징 선'(떠오르는 아침 해)이라고 설명했다. 그때까지 외국인들은 일장기에 대해서 하얀 각봉투를 빨간 봉랍으로 밀봉한 것이라는 이미지를 가지고 있어서 쇄국 일본의 상징이라고 비웃고 있었다.

당시에는 일본 국내에서조차 '히노마루'의 의미에 대해서 잘 알지 못해서 경축일에 '빨간 원을 파는 간판과 같은 깃발'을 왜 세우는가라고 말하기도 했다. 이 '히노마루'를 떠오르는 아침 해에 비유하며 국제적인 장소에서 이제부터 발전해 나갈 일본의 내셔널의 심볼이라고 주장한 것은 이토 한 사람의 마음과 패기라기보다도 이 사절단이 가지고 있었던 국가적 사명감 내지는 국가를 만들 때 가지는 내셔널리즘의 표방이라고 해야 할 것이다.

그런데 처음으로 방문한 외국 땅에서 받은 환영이 사절단의 판단을 흐리게 하는 하나의 원인이 되었다. 조약교섭을 추진하는 가운데 어쩌면 조약 개정의 조인까지 끌고 갈 수 있지 않을까라고 기대하기 시작했던 것이다. 워싱턴에서 국무장관 피쉬Fish에게 신 조약을 조인하자는 요청을 받기는 했지만 사절단은 조인에 필요한 전권위원의 위임장을 가지고 있지 않았다. 그래서 부사 오쿠보·이토 등이 일시 귀국하여 위임장을 줄 것을 정부에게 요청했다. 이 위임장을 줄 것인지에 관해서 정부 내에서 논의가 있었고 따라서 위임장을 받기까지는 2개월이나 걸렸다. 워싱턴에서 왕복하면 2개월이 소요됐기 때문에 결국 4개월 후에 도착하게 되었다. 이른 아침에 워싱턴에 도착한 오쿠보·이토 등은 오전에 이와쿠라·기도 등과 협의했다. 그러나 오후 교섭에서는 개정교섭을 중단했다. 막부 말에 체결한 조약에는 편무적인 최혜국 조관이 있었기 때문에 각국마다 교섭을 해서는 일본에게 불이익을 가져올 것을 깨닫게 된 것이다. 여기에서 사절단의 국제적인 지식이 모자랐다는 점이 드러난다. 따라서 이후에 각국을 방문할 때에는 조약에 대한 교섭은 겨우 타진해 보는 정도로 그치게 되었다.

대국에서 발견한 것

그러나 이와쿠라 사절단의 각국에 대한 통찰력은 예리했다.

미국에서는 개척의 바탕이 되었던 '자주의 정신'을 발견하고 거기에 '자주민自主民'이 있다는 점을 발견했다. 이 자주적인 인민의 정신은 보통교육과 기독교 속에서 배양되었다고 본 것이다. 말하자면 사절단은 미국 개척민 속에서, 후에 발표된 막스 베버의 유명한 논문「프로테스탄티즘의 윤리와 자본주의 정신」(1904~1905)을 읽어냈다고 해도 무방할 것이다.

영국에서는 이 나라가 일본과 동일한 섬나라임에도 불구하고 대공업 국가·대무역 국가라는 것을 깨달았다. 사절단의 보고서인『미구회람실기』의 영국편(제2편, 20권)은 산업혁명의 발상지다운, 이 나라의 산업혁명에 대해서 일본인이 최초로 고찰한 기록이었다. 그리고 이 점에 영국이 부국이 된 이유가 있다는 것을 자각한 것이다.

사절단은 영국과 일본의 차이가 커서 거의 30년 정도 라고 보고 있었다. 차이는 컸지만 미국이 공화제인 것에 반해서 영국은 군주제였기 때문에 근대 천황제 국가를 목표로 하는 사절단의 수뇌부는 영국에 대해서 관심이 많았다. 특히 오쿠보가 그랬다. 귀국 후에 오쿠보가 작성한 헌법제정의견서는 영국의 군주제를 바탕으로 취사선택을 하려고 한 것이었다(155페이지 참조).

프랑스에서 사절단은 파리가 '문명의 중추'인 것을 확인하고 런던이 '세계 천연산물의 시장'이라면 파리는 '세계 공산물의 시장'이라고 보았다. 또한 프랑스의 정치가 얼마나 격렬하고 유동적인가를 깨달은 동시에 문명국에서의 계급적 모순을 통감했다. 일행의 파리입성은 파리코뮌(1871년 3월 18일부터 72일간 보통선거에 의해 파리에서 성립된 노동자의 혁명자치정부) 붕괴 후 1년 반이 지난 시점이었다. 개선문은 그 때 정부와 코뮌 측과의 싸움으로 생긴 포탄의 흔적을 수복하는 중이었다. 일행의 눈에는 보불전쟁(1870~1871년)에 의한 프러시아군보다 파리코뮌에 의한 재앙이 더 크다고 비춰졌다. 그 만큼 사절단은 이것을 강경하게 탄압한 대통령 루이 아돌프 티에르 Louis Adolphe Thiers를 영웅호걸이라고 추켜세웠다. 그러나 일행은 선진국이라고는 해도 이 파리코뮌 내부에는 심각한 모순이 있고 특히 중등 이하의 인민이 그 모순의 원인이라고 보았다.

러시아의 수도 상트 페테르부르크에 입성한 사절단은 이 나라가 예상한 것 이상으로 귀족 전제국가라는 것을 깨닫고 그렇기 때문에 국력의 발전에 대해서는 의문을 가졌다. 일본이 그 때까지 영국·프랑스 이상으로 러시아를 두려워하고 있었던 것을 반성하고 선입견의 배제와 각성한 눈으로 역사를 바라볼 필요성을 느꼈다.

오스트리아에서 사절단은 봉건귀족의 잔재를 보고 일본의 메이지 이전을 상기했다. 이 땅 빈에서는 만국박람회가 열리고 있었다. 일행은 이 전시품의 배후에 '태평스러운 전쟁', 즉 자본주의의 자유경쟁원리가 있다는 것을 깨달았다. 그리고 각국의 전시물이 좋은지 나쁜지는 문명도와 인민의 자주·자유의 여하에 달렸지, 국가가 큰지 작은지의 여부에 달린 것이 아니라는 것도 깨달았다. '국민이 자주 정신을 가지고 있다면 큰 것도 두려워할 필요가 없고, 작은 것도 얕볼 필요가 없다'는 것이다. 국민의 자주 정신은 근대 국가에게는 생존의 기본원리이고 그 자주 정신이 넘치면 소국일지라도 대국을 두려워할 필요는 없으며 반대로 소국이기 때문에 얕봐서는 안 된다는 것이다.

베를린은 막 성립된 독일제국의 수도였는데 사절단은 여기에서 비스마르크Bismarck와 몰트케Moltke를 만났다. 비스마르크는 일행을 환영하는 리셉션에서 약육강식의 유럽 국제 정치의 실태에 대해서 언급하고 국제사회가 따르려고 하는 「만국공법」의 세계가 얼마나 대국의 힘, 즉 군사력에 의해 좌우되는지를 강조했다. 사절단의 수뇌부도 막부 말 이후의 체험 속에서 이것을 느끼고는 있었지만 비스마르크에게 직접 듣고는 '깊이 음미해야 할 말'이라고 받아들였다.

이상의 국가들은 당시의 대국이었다.

소국에 대한 많은 관심

이에 반해 소국으로서 사절단은 벨기에, 네덜란드, 작센, 스위스, 덴마크 등을 들고 있다.

사절단은 이러한 소국도 주의 깊게 관찰했다. 『미구

회람실기』 전100권의 구성은 미국·영국은 각 20권, 독일은 10권, 프랑스는 9권, 러시아는 5권이다(이탈리아는 6권). 이에 비해서 소국인 벨기에·네덜란드·스위스는 각 3권씩으로 덴마크는 1권이고 작센은 1권의 1부를 차지한다. 소국의 합계는 10여권이 된다. 이 권수의 구성은 각국으로 보낸 유학생의 숫자를 생각해 보면 당시 일본의 각국에 대한 관심도에 비례한다고 볼 수 있다. 그렇다면 미국·영국을 별격으로 하고 소국의 계 10여권은 독일과 거의 비슷하여 프랑스의 권수를 넘어서고 있다. 북구의 스웨덴(2권)도 소국에 넣으면 20여권이 된다. 일행의 소국에 대한 관심은 결코 낮다고 볼 수 없고 독일과 비슷하거나 그 이상이었던 것이다.

사절단은 이들 소국이 19세기 후반의 유럽 국제정치 속에서 왜 독립을 유지하고 어떻게 중립을 지키고 있는지에 대해서 대단한 주의를 기울이고 있었다. 예를 들어 벨기에와 네덜란드는 토지는 거칠어서 습지이지만 인민이 노력하여 대국 사이에서 자주적 권리를 지키고 있으며, 총생산력은 대국을 훨씬 뛰어넘을 뿐만 아니라 유럽 전체와 세계 무역에도 영향을 미치고 있다는 것이다. 이 정도의 힘을 발휘할 수 있는 것은 인민이 열심

히 공부하고, 열심히 노력하고, 열심히 협력·일치하여
전력을 다하고 있기 때문으로, 이들 나라가 우리들에게
주는 감촉은 미국·영국·프랑스의 3대국 이상이라고 단
언했다.

보고서는 소국이 대국 사이에서 독립을 유지하기 위
해서는 자주 권리를 지키는 것, 인민이 협력·노력하여
국민의 총생산력을 높일 필요성을 강조하는 것이라고
했다. 사절단은 나라의 대소와 정치체제의 여부도 그
렇지만 국민의 자주·자유의 정신에 착목하고 있는 것이
다. 스위스의 경우를 말하자면 이 나라가 독립·중립을
유지하고 있는 것은 자유의 권리를 전하는 것, 타국의
권리를 방해하지 않는 것, 타국의 방해를 막는 것, 이 3
요건 때문이라고 파악했다. 그리고 이를 위해서는 자국
을 지키기 위한 나라 전체에 넘쳐흐르는 국민의 기력과
강건하고 숙달된 병사들의 힘이 필요하다고 역설했다.
민병제에 의한 스위스의 자위체제를 가리키고 있는 것
이다. 여기에서는 자주적 힘을 배양하고 애국심을 기르
는 교육의 중요성을 읽어내고 있다.

이와 같은 점에서 이와쿠라 사절단은 구미의 모든 대
국과 소국 중에서 일본이 근대 국가를 만들어내는 데

필요한 선택지를 다양한 각도에서 검토하고 있었던 것을 알 수 있다.

근대 천황제라는 틀 자체는 메이지 정부의 기정방침이었다. 그러나 이 근대 천황제 국가를 어떠한 방향과 내실을 갖춰 만들어낼지, 즉 대국 노선, 또는 소국 노선의 어떤 길을 선택할 것인지가 과제였다. 그러나 사절단은 구미회람을 통해서 결론을 내고 있는 것은 아니었다.

사절단의 아시아관

또 하나, 그 후 일본이 나아갈 진로에 대한 복선은 사절단이 귀로에서 본 아시아, 특히 동남아시아에 대한 관점과 관련이 있다. 일행이 실론·마라카해협·싱가폴·사이공·홍콩·상하이 등을 경유하는 과정에서 본 동남아시아는 자원이 풍부하고 의식주에 부족함이 없는, 자연이 풍부한 땅이었다. 그러나 의식주에 특히 부족함이 없기 때문에 이 땅의 사람들은 노력을 하지 않고 나태하다고 평가했다. 여기에서는 나태로부터 문명은 탄생하지 않는다는 구미회람에서 얻은 사절단의 문명관이 엿보인다. 그렇기 때문에 동남아시아는 문명과 가장 대치되는 곳에 위치한 존재가 되었다. 이에 비해서 일본을 포함한 동아시아는 구미로부터 배움으로써 문명화될 가능성이 있다고 판단했다.

이와쿠라 사절단의 구미회람에는 근대 천황제 창출이라는 틀 속에서 구미의 모든 선진국으로부터 배운 대국노선이냐 소국노선이냐라는 선택지가 있었던 것을 확인해 두고 싶다. 그러나 이러한 것들은 모두 '미연의 가능성'으로서의 선택지였다. 이 '미연의 가능성' 중 어느 것이 현실에서의 정치노선이 될 것인가? 이것은 사절단이 귀국한 후 겪게 되는 정치 과정을 통해서 드러난다.

3. 오쿠보 정권

정한론(征韓論) 문제와 비정한파

이와쿠라 사절단은 1873(메이지6)년 9월 13일에 귀국했다. 다음날 태정관의 정원正院(정책 결정의 최고기관. 1871년 7월에 좌원[左院]·우원[右院]과 함께 설치됨)에서 처리한 일에 대해서 보고를 받은 이와쿠라 도모미가 직면한 것은 이른바 정한론 문제였다.

돌이켜 보면 에도시대 일본의 조선관에는 조선의 문화와 학문에 대한 경외심이 있었다. 반면에 일본의 건국신화와 전설에 근거해서 조선에 대한 우월의식이 있었던 것도 부정할 수 없다. 막부 말이 되자 국학자들은 후자의 의식을 강조했다. 정한론은 그 연장선상에 있었다고 할 수 있다.

다른 한편으로 외압이 점차 현실적인 문제가 되자 동아시아에서의 일본과 조선과 중국은 풍토와 역사가 비슷하기 때문에 구미의 외압에 대해서는 힘을 합치고 뜻을 모아 대항해야 한다는 동아시아 연대론('횡종연합[橫從連合]'론)이 나왔다. 그리고 이 동아시아 연대론과 정한론은 사실상 표리관계에 있었다.

막부말기의 양이론은 조선에 대한 우월의식과 결부되어 연대론보다도 정한론으로 기울어져 갔다. 이러한 경향을 바탕으로 기도 다카요시를 비롯한 유신정권의 리더들은 '만국'과 '대치'하기 위해서 일본의 통일국가 형성이 과제로 떠올랐을 때 일본과 조선은 '입술과 치아'의 관계, 즉 입술과 치아처럼 서로 밀접한 관계에 있다는 것을 강조했다. 조선이야말로 '황국의 국체'가 일어서 나갈 수 있는 기초이자 '만국경략진취経略進取(만국통치를 위해 스스로 나아가는 것)'의 기본이라고 단언한 것이다. 조선에 대한 생각은 그 이후에도 일관되었다.

당면한 정한론은 이러한 발상을 기반으로, 유신정부가 조선과의 국교를 회복하려고 조선에 보낸 국서가 선례에 어긋난다면서 조선 측이 받는 것을 거부한 것을 계기로 시작되었다. 참의인 사이고 다카모리를 필두로, 이타가키 다이스케板垣退助·에토 신페이江藤新平·소에지마 다네오미副島種臣·고토 쇼지로後藤象二郎 등 모든 참의들은 조선에 사절단을 파견할 것을 태정대신太政大臣인 산조 사네토미에게 요구했다. 사이고는 스스로 사절이 되기를 희망했다. 이 사절이 '폭력으로 살해'당하면 출병의 구실이 되어 징병제·지조개정·가록家祿제도 개혁 등에 불만을 품은 사족들에게 활로를 모색해 줄 수 있다는 것이다(정한 강경파인 사이고는 반드시 정한을 즉시 시행하기를 원한 것이 아니라 어디까지나 교섭에 의해 조선과의 수교를 바라고 있었다는 견해도 있다).

교과서식으로 말하자면 유수정부留守政府[1]는 정한론을

---

1) 이와쿠라 사절단 파견 중인 1871년부터 1873년에 걸쳐 존재했던 메이지 정부. 태정내신인 산조 사네토미를 필두로 사이고 다카모리 등이 주도했는데 내부에서 대립했을 뿐만 아니라 귀국한 사절단과도 대립했다

주장하고 귀국한 이와쿠라 사절단의 멤버들은 이에 반대했다는 것이다. 따라서 정부가 정한론을 둘러싸고 분열했고 결국 1873년 10월에 정변이 일어났다는 것이다.

그러나 생각해보면 사절단=외유조外遊組는 이 정한론에는 반대했지만 이듬해 1874년에는 오쿠보 등이 대만 출병을 강행했다(기도는 반대). 1875년에는 강화도 사건(204페이지 이하)을 일으켜 이번에는 기도가 조선에 대해서 적극적인 강경책을 주장했다.

그렇다면 정한론 반대란 대체 무엇을 의미하는가?

일본의 국내 정비, 즉 '내치 우선'이 급선무라는 것은 세계의 대세를 직접 눈으로 보고 온 외유조에게는 강하게 와 닿았다. 그러나 사절단이 없는 사이에 국내 정치의 주도권은 점차 히젠·도사파에게로 옮겨갔다. 사이고(사쓰마)·이타가키(도사)·오쿠마 시게노부(히젠)의 참의들 외에 에토(히젠)·오키 다카토大木喬任(히젠)·고토(도사)가 참의가 되었기 때문에 히젠·도사파가 다수를 차지했다. 그 가운데에서도 에토는 사법권을 손에 쥐고 조슈계의 야마가타 아리토모와 이노우에 가오루井上馨를 둘러싼 의옥사건疑獄事件(야마시로 야와스케[山城屋和助] 사건, 오사리자와[尾去沢] 동산[銅山] 사건 등)을 연이어 적발해 갔다. 여기에서 외유조가 정한론에 찬성한다면 내정은 물론이고 외교에서도 주도권은 유수정부의 수중으로 들어가 버리는 것을 의미한다. 그렇지 않아도 유수정부는 사절단이 출발하기 전에 자리를 비워둔 사이에는 신규 인사와 새로운 정책은 실시하지 않는다는 12개조의 약속을 했는데도 불구하고 그것을 짓밟고 있지 않은가?

오쿠보와 기도 사이에는 구미회람 중 틈이 생겼는데 이러한 상황을 눈앞에 두고는, 구미체험을 공유한 내셔널한 연대감도 있고 해서, 두 사람은 정한론 반대라는 입장에서 일치했다. 기도에게는 조슈계 의옥사건의 적발도 당연히 크게 작용했다.

1873년(메이지6년) 10월의 정변과 오쿠보 정권

히젠·도사 중심의 유수정부파(정한파)와 삿초 중심의 외유조(정한 반대파라기보다도 비정한파라고 해야 할 것이다) 사이에 이루어진 10월 10일 이후 2주간에 걸친 아찔한 흥정과 책략에 의해서 결국 정한파는 패배했다. 사이고·이타가키·에토 이하의 참의들은 일제히 하야했다. 이 1873년 10월의 정변은 국내 정국이 전환되는 지렛대가 되었다. 정한파 중에서 오쿠마와 오키는 삿초 측에 가담하여 정부에 남게 되었다.

1873년 10월 정변 직후의 정부 진용은 오쿠보(사쓰마)·오키(조슈)·이토(조슈)·오쿠마(히젠)·오키(히젠)·데라시마 무네노리寺島宗則(사쓰마)·가쓰 아와勝安房(아와[安芳]·가이슈·막부 신하)가 참의가 되어 사쓰마·조슈·히젠이 각2, 막부 신하가 1이 되었다. 각 성의 장관(경[卿]) 및 차관 클래스까지 포함하면 삿초 각5, 히젠2, 막부신하 1이 된다. 이 히젠의 2는 삿초에 기여한 오쿠마와 오키이기 때문에 정부는 삿초파에 의해 점령되었다. 정변 후의 정권은 외유조를 중심으로 한 새로운 삿초파 정권이라고 할 수 있다.

이 신삿초파가 주도권을 쥐자 오쿠보는 그 해 11월에 내무성內務省을 설치하고 내무경內務卿이 되었다. 이후 1878(메이지11)년 5월에 그가 암살될 때까지 정부의 실권은 오쿠보의 수중에 있었기 때문에 이것을 오쿠보 정권이라고 부른다.

오쿠보 정권의 토대에는 이와쿠라 사절단의 구미회람이 있었다. 구미의 대국과 소국을 빠짐없이 둘러보고 왔기 때문에 이 정권은 어떻게 근대 천황제를 만들까라는 과제를 짊어지고 있었던 것이다.

1873(메이지6)년 7월 귀국 직후의 기도는 「헌법제정건의서」를 정부에 제출했다(독일 유학중의 조슈 출신인 아오키 슈조[青木周蔵]가 초안을 작성했다). 이것은 프러시아 헌법을 바탕으로 한 '동치헌법同治憲法'이었다. '동치'란 '군민동치君民同治'라는 뜻으로 '동치헌법'이란 군주와 인민의 협의를 거친 입헌군주제 헌법이다.

오쿠보도 같은 해 11월에 「입헌군주제에 관한 의견서」를 제출했다. 오쿠보는 '민주정치'와 '군주정치'를 분리하여 각국의 예를 들면서 일장일단을 고찰하고 이것을 바탕으로 유럽의 '일개 섬나라'인 영국을 염두에 두고 '군민공치君民共治' 제도를 제안했다. 기도가 프러시아 헌법을 바탕으로 하고, 비스마르크와 자주 대비되는 오쿠보가 영국 군주제를 염두에 두고 있었다는 점에 유의하여 이 점을 일단 기억해 두기 바란다.

후발국 일본의 근대 천황제에 대한 모색

기도와 오쿠보 모두 19세기 1870년대의 세계정세를 인식하면서 후발국인 일본의 근대 천황제를 모색해 나갔다. 따라서 일본에서 민의가 아직 성숙되지 않은 상황에서는, 기도의 말을 빌어 표현하자면, 천황의 '영단'에 의해서 '독재 헌법'을 만들어(여기에서 말하는 '독재'는 절차를 말한다) 훗날의 '동치헌법의 근종'으로 삼아 '인민행복의 기반'을 마련해야 한다는 것이다. 오쿠보도 또한 민주 및 전제의 통치형태의 절충에 의해 천황 중심의 '독립 불기不羈의 권리'를 확립해야 한다고 했다.

기도도 오쿠보도 '군민동치', '군민공치'의 정치 형태를 목표로 내세우면서도 현실적으로는 천황(태정관)에게 권력이 집중되는 체제를 실현해야 한다고 주장했다. 이것은 이토 히로부미의 표현을 빌어서 말하자면 '점진주의적 입헌정치론'이고 '군권을 정하고 민권을 제한한다'는 것이다. 그렇기 때문에 나중에 살펴볼 민선의원의 설립에 대해서는 기도도, 오쿠보도 시기상조라고 하면서 관선 의회를 만들어서 경험을 쌓아야 한다고 주장한 것이다.

기도와 오쿠보의 이 헌법구상의 목표를 다른 말로 표현하면 현실에서의 근대 국가를 구미를 기준으로 인식하고, 이러한 인식 때문에 일본의 미래 근대 국가의 실현을 시야에 넣어 천황에게 권력을 집중시킨 근대 국가의 창출을 당면 목표로 설정했다고 할 수 있다. 이러한 발상의 배후에는 지금까지 반복해서 설명했듯이 이들이 구미에서 경험한 견문과 체험이 있었고 일본의 민의가 미성숙하다는 인식이 있었다. 그렇기 때문에 천황(태정관)으로의 성급한 권력 집중에 역점을 두었던 것이다. 이것이 메이지 정부가 잡은 노선의 방향이었다. 오쿠보 정권의 모든 정책들은 이러한 권력 구축의 목표 아래에서 진행되었다.

3성 체제와 번벌의 유동화

오쿠보는 내무성을 중심으로 그 양축을 공부성工部省(경[장관]은 이토 히로부미)과 대장성(경은 오쿠마 시게노부)으로 포진했다. 이것을 3성 체제라고 한다. 1877(메이지10)년 당시 3성의 판임관判任官(실무관료) 이상의 관료수를 살펴보면 3성에서 중앙정부 전체의 50%를 점유했다. 수뇌층과 상급관료(칙임관[勅任官]·주임관[奏任官]) 중에는 서양을 경험한 사람들이 많았다. 게다가 이 수뇌층은 사쓰마(톱은 오쿠보)·조슈(이토)·히젠(오쿠마) 출신자들이 차지했다. 이것은 내무성 중심의 3성 체제가 정부에서 차지하는 위치의 중요성을 나타내고, 또한 정권의 번벌적 성격을 규정하는 요인이 되었다.

즉 1877년에 사쓰마·조슈·히젠 출신의 칙·주임관의 숫자가 가장 많은 곳으로는 내무성·해군성·개척사가 사쓰마, 태정관·육군성·공부성·궁내성宮內省이 조슈, 외무성·대장성·문부성·사법성이 히젠(도사는 원로원뿐임)으로 나타났다. '조슈의 육군, 사쓰마의 해군'은 훗날까지 유명한데 이것이 오쿠보 정권을 번벌 정권이라고 하고 '유사전제有司專制(자유민권파가 번벌 정부의 전제정치를 비난하여 사용한 용어-역주)' 정부라고 부르는 이유이다.

그러나 여기에서 말하는 번벌은 유신 당초와 같은 출신번에 의한 향당鄕黨적인 파벌이 아니다. 개개의 번에 의한 향당적인 결속은 삿초도히라는 틀 안에서는 유동적이었다. 처음에는 자신들의 파벌이 권력을 유지하기 위해서 향당이라는 의식 하에서 붕당적인 결속이 요구되었지만 관료기구가 정비됨에 따라서 삿초도히의 틀 안에서는 유동적으로 움직이게 되어 기구와 결속된 실력자 중심의 파벌이 우선시되었다. 기도파였던 조슈의 이토가 사쓰마의 오쿠보와 결탁하고, 히젠의 오쿠마도 오쿠보와 손을 잡는 등의 예가 바로 그러한 것이다. 그러나 번벌은 유동적이라고는 해도 이러한 틀 밖에 있는 사람들에게는 '삿초가 아니면 사람이 아니다'라는 식으로, 기슈紀州 와카야마번和歌山藩 출신의 무쓰 무네미쓰陸奥宗光가 한탄한 것과 같은 형태로 나타난다. 번벌 안에서 도사(고치)의 그림자가 옅은 것은 자유민권운동과 관계가 있다.

또 한 가지 언급해 두어야 할 것은 오쿠보 정권의 기반에는 구 막부의 신하 층이 존재하고 있었다는 점이다. 1877(메이지10)년에 구 막부의 신하들은 정부 실무관료의 거의 30%를 차지하고 있었다고 추정된다. 정부 수뇌들 중에서는 가쓰 가이슈가 이를 대표한다. 구 막부의 신하 층은 양학 등을 통해서 과학·기술을 익히고 실무에 능했다. 군사관료도 동일하다고 할 수 있다. 오쿠보 정권은 번벌색을 짙게 띠면서 사실상 기구를 지탱하는 중·하층의 실무·기술 관료가 구 막부의 신하층 출신이라는 점이 눈에 띈다. 이와쿠라 사절단 중 구 막부의 신하 출신인 서기관과 기술 관료의 존재를 상기하기 바란다.

요컨대 오쿠보 정권은 한편으로는 번벌적인 요소를 가지고, 다른 한편으로는 구 막부의 신하적인 요소를 내포하여 이 두 개의 요소가 서로 얽히면서 형성되고 있었던 관료기구와 결부되어 정권의 특질을 이룬 것이다.

덧붙여 말하자면 유신의 변혁은 막부(쇼군)정권을 부정하고 천황 정부를 만든다는 단절을 드러냈다. 그럼에도 불구하고 체제 내부에는 두터운 구 막부 신하 층이 존재해서 막부와의 연속성을 가진다. 여기에서 유신 변혁의 '비연속의 연속'을 살펴볼 수 있는 것이다.

오쿠보 정권과 3대 개혁

내무성을 중심으로 오쿠보 정권의 정책이 추진되었다. 이 내무성의 권한은 식산흥업에 의한 일본 자본주의의 육성과 보호, 경찰제도의 수립, 부현(지방) 행정에 대한 지도 등이었고 나아가 신문·잡지의 발금發禁에까지 그 권한이 미치고 있었다.

오쿠보의 「식산흥업에 관한 건의서」를 살펴보면 그의 염두에는 영국이 있었다는 것을 알 수 있다. 영국과 같은 '아주 작은 소국'이 왜 굉장한 부국이 된 것인가? 그것은 공업과 무역의 진흥 때문이라는 것을 오쿠보는 현지에서의 견문을 통해서 알고 있었다.

그러나 영국과 일본과의 격차는 컸다. 유럽과 아시아

의 조건에는 동일한 면과 다른 면이 있었다. 오쿠보는 이 점을 인식해야 한다고 했다. 그렇기 때문에 이 '박약' 한 인민을 유도하는 것이 정치를 하는 자의 의무라고 명언했다. 그것은 위로부터의 육성과 보호이다. 이 '위로부터'라는 사고방식은 오쿠보 정권, 아니 이후의 메이지 정부의 기본 정책이 되었다.

교육정책은 유수정권의 학제(「학사장려에 관한 문서」 1872 (메이지5]년 8월)에 의해 착수되었는데 이것은 구미를 모방해서 구상한 대중소의 학교의 구역과 제도에 관한 것이었다. 이것은 책상 위에서 구상한 획기적인 플랜이었기 때문에 현실에서는 바로 벽에 부딪쳤다. 학교의 설치·유지비도 주민의 부담이었고(문부성의 보조금은 1873년에 약 13%, 이후는 10% 이하), 수업료는 월액 50전 또는 25전으로 고액이었다. 이에 대해서 민중은 반발했다. 이 무렵의 봉기가 학교를 공격 대상으로 삼은 것도 그 때문이었다. 실제로 징수할 수 있는 수업료는 각 지방이나 학교 등에 따라서 차이는 있었지만 대체로 1전에서 2전 정도였다. 규정과의 격차가 큰 것을 알 수 있다.

이와쿠라 사절단의 이사관이었던 다나카 후지마로는 1874(메이지7)년부터 1880년에 걸쳐 문무대보文部大輔(일시적으로 기도가 문부경)를 역임하여 학제의 획일성을 배제하고 1879(메이지12)년 9월에 지역의 실태에 입각한 교육령(자유교육령)을 발포했다.

그러나 이것은 동일한 사절단의 멤버였던 이토 히로부미가 개정해서 중앙집권적인 것으로 바꿔버렸다. 이듬해인 1880년 말에 발포한 개정교육령이다. 이 교육령은 메이지 14년(1881)의 정변에 의한 이와쿠라=이토의 정치노선의 선취적인 의미를 가진다.

오쿠보 정권 이후의 정책은 사절단의 구미회람의 성과를 도입해서 유수정부의 정책을 바꾸는 동시에 다른 한편으로는 같은 사절단의 멤버가 이것을 다시 수정한 것으로 드러난다.

징병제도 유수정부의 손으로 개시되었다. 1872(메이지5)년 11월 28일에 전국 징병의 조칙이 공표되었고 이듬해인 1873년 1월 10일에 징병령이 발포되었다(그 사이에 태양력을 채용하게 되어 음력 메이지5년 12월 3일에 해당하는 날이 양력 메이지6년 1월 1일이 되었다). 만 20세인 남자가 3년간 징병복무를 하도록 한 새로운 군사력의 편성이었다. 민중은 징병반대봉기(혈세봉기)를 일으키는 동시에 징병 면제 규정을 충분히 활용해서 지속적인 저항을 꾀했다. '국민개병'의 골자가 빠져버렸다. 육군경 야마가타 아리토 모는 행정 해석과 징병령 개정(1879년·1883년·1889년에 개정)으로 이에 대항해서 징병 기피 방지를 위해서 힘썼다.

지조개정법(상유[上諭][2]·태정관의 포고·지방관의 마음가짐·지조 개정조례·지조개정시행규칙으로 이루어짐)은 1873(메이지6)년에 있었던 지방관 회동을 거쳐 그 해 7월 28일에 공포·실시되었다. 지조개정의 의도와 이념은 옛 공조貢租의 총액을 유지하면서 통일된 제도로 경지의 조세부담을 평균해서 정액의 금납지조(돈으로 조세를 지불하는 것-역주) 수입을 확보하고 지권소유자(지주)의 권리를 보장해서 개조改租를 실현하려고 한 것이다. 그리고 사실상 이미 형성된 지주·소작관계에는 손을 대지 않고 지주를 중심으로 해서 개정을 실시했다. 이것은 1880년(임야개조를 포함하면 1881년 말) 무렵에는 거의 전국적으로 완료되었다.

지조개정은 그때까지 쌀로 납부하던 조세를 일단 근대적인 형태의 지가(전지일반[田地一反][3]의 연간수익을 이자율로 자본 환원한 것)를 기준으로 금납과세로 바꾼 조세의 체계였다.

---

2) 메이지 헌법에서 법률, 칙령, 조약 등을 공포할 때 그 머리말에 첨부하는 천황의 재가를 나타내는 표현
3) 논밭의 면적으로 일반적으로 약 991.736평방미터

그러나 이것은 선진 자본주의에 포섭되어 가는 가운데 천황제 국가의 경제적 기초를 지조에 비중을 두고 급하게 만들려고 한 것이었기 때문에(1875[메이지8]년부터 1880년까지의 국세 총액 중, 지조가 차지하는 비율은 79~88%였고 해관세海關稅[보호세]는 3~5%, 그 외가 9~16%였다) 현실적으로는 많은 모순을 내포할 수밖에 없었다. 또한 실시 과정에서는 당초의 신고제(합의방식)를 포기하고 기본적으로 위로부터 배당하는 방식이 되었다. 심지어 개조의 실무자에 해당하는 마을의 유력자는 자신에게 유리하도록 꾸미기도 했다. 덧붙이자면 방대한 개조경비를 농민들이 스스로 부담해야만 했고 임야개조에서는 지금까지 촌민이 공유하던 입회지入會地[4]와 소유 미상의 산림·들 등이 모두 관의 소유가 되어 일반 농민에게 큰 타격을 주었다.

농민들은 각지에서 지조개정 반대봉기를 일으켰다. 특히 1876(메이지9)년의 이바라키 대봉기(마카베[真壁] 소동), 미에 대봉기(이세[伊勢] 폭동)는 유명하다. 그토록 강경했던 오쿠보도 지가의 3%라는 지조율을 1877년부터는 2.5%로 낮추지 않을 수 없었다. '죽창으로 이루어진 2부 5리'인 것이다. 이것은 이어지는 사족 반란과 봉기

---

4) 특정한 사람들 사이에서 입회의 권리가 설정되어 있는 산과 들, 어장 등

가 결합하는 것을 막기 위한 것이기도 했다.

이 지조개정은 농민(지주)의 토지소유권을 법적으로 인정하고 그 후에 지주제로 나아가는 길을 열었는데 이 부담스러운 지조가 식산흥업정책을 수행하는, 근대 국가로 향하는 메이지 정부의 재원이 되었다.

학제·징병제·지조개정이라는 유신의 3대 개혁은 제도로서는 근대 국가의 법체계에 적합했지만 그것을 위로부터 조급하게 만들어내려고 한 점에서 현실적으로는 그 내부에 많은 모순을 내포할 수밖에 없었다.

위에서 언급한 연이은 사족 반란은 메이지 정부의 사족 소멸 정책에 대한 반정부적인 저항이었다. 이것은 1874(메이지7)년에는 에토 신페이 등이 일으킨 사가의 난으로 이어졌고, 1876(메이지9)년에 발포된 폐도령·금록공채金禄公債[5] 증서발행조례 이후에는 구마모토의 신풍련神風連(경신당[敬神堂])의 난·후쿠오카 아키즈키秋月의 난·마에바라 잇세이前原一誠의 야마구치 하기萩의 난으로 이어졌다. 그리고 마지막 사족반란으로 1877년에 사이고 다카모리의 서남전쟁이 일어난 것이다.

---

5) 1876년에 정부가 강제로 화족, 사족의 급여제도를 폐지한 후 그 대신에 그들에게 발행한 공채

이러한 사족의 반란은 정한론을 분열시킨 정한파와 정부 유신관료의 대립에 의해서 일어난 사건이다. 그렇기 때문에 이 대립은 사족이 온존하고 그 위에 통일국가를 구축할 것인지, 사족의 해체를 전제로 해서 만국과 대치할 수 있는 근대 국가를 구축할 것인지에 대한 정치노선의 차이에 의한 것이었다. 또한 여기에는 국제 정세에 대한 인식의 상이, 그리고 이에 대응하는 국내 정책의 여부가 밀접한 관련을 맺고 있었다. 그렇기 때문에 오쿠보 정권은 징병제에 의한 새로운 군사력과 경찰력으로 일찍이 맹우였던 사람들에게 비정하리 만큼 심한 탄압정책을 시행한 것이다.

이로 인해 정한론의 분열을 계기로 하야한 세력 중 하나는 사라져 버렸다. 또 하나의 하야 세력이 주도한 민권 운동의 움직임에 대해서는 다음 장에서 살펴보기로 하겠다.

도쿄도(東京都) 아키루노시(あきる野市[구 이쓰카이치초五日市町])에 남아있는 후카사와(深沢) 집안의 창고. 1968(쇼와43)년에 이 창고의 2층 대들보 밑에 있던 보자기에서 1881(메이지14)년 당시 이쓰카이치간노(五日市勸能) 학교의 교장이었던 지바 다쿠사부로(千葉卓三郎, 1852~1883)가 초안을 만든 사의헌법(私擬憲法) 「일본제국헌법」(이른바 「이쓰카이치헌법」)이 발견되었다(사진제공: 아키루노시 교육위원회).

제5장
자유민권운동이 지향한 것

1. 홋카이도와 오키나와

홋카이도·오키나와와 내지(본토)

홋카이도와 오키나와—이것은 일본의 남과 북의 변경에 위치하고 있다. 홋카이도 사람들은 혼슈本州를 '내지'라고 부르고 오키나와에서는 '본토'라고 부른다. 여기에서는 혼슈(시코쿠[四国]·규슈를 포함한다)와 선을 긋고자 하는 공통적인 인식이 보인다.

보신전쟁 시기에 에조치에 성립된 에노모토 다케아키榎本武揚 정권은 그 간부들이 '입찰'이라고 부른 선거를 통해서 선출되어 당시에 이미 '위대한 에조 공화국'(미국 하코다테 부영사 N·E·라이스[Rice]의 외교문서)이라고 불렸다. 이후 홋카이도는 '에조 공화국'이라고 해서, 환상에 불과하기는 하지만, 근대 천황제와 대치되기도 했다. 한편으로 오키나와에서는 일본근대사의 흐름 속에서 '오키나와 독립론'을 지속적으로 제기하고 있었다.

홋카이도와 오키나와는 근대 천황제 국가의 저변을 이루며 '내국 식민지'라고 불렸다. 양쪽 모두 군사적으로는 국방의 제1선이라고 할 수 있는 지역에 위치해 있다. 환상적인 로망을 품은 '공화국'론 내지는 '독립'론이 제기된 것은 이 두 지역으로 하여금 정치적, 경제적, 군사적으로 독자적인 역할을 담당하게 한 천황제 국가에 대한 저항감이 깊이 내포되어 있었기 때문이다. 여기에는 일종의 시니컬한 반발심이 드러나 있는 것이다.

다음 페이지에서는 내지(본토)·홋카이도·오키나와에서 이루어진 행정이 어떻게 다른지 간단히 대비해 놓은 표를 제시해 놓았다. 메이지 국가가 실시한 정책들이 내지(본토)와 홋카이도·오키나와와는 현저하게 어긋나 있다는 것을 알 수 있다. 그러나 어긋나는 점은 있어도 어쨌든 같은 정책을 시행하려고 한 것도 사실이다. 이와 동시에 이 정책의 내용에는 내지(본토)의 정책과의 사이에 명백한 차별이 존재했다. 차별이라는 점에서도 홋카이도와 오키나와는 동일한 입장에 있었다고 할 수 있다.

조금 더 구체적으로 살펴보자.

이른바 '지방자치'제와 관련된 현부제県府制는 1890(메이지23)년에 공포, 이듬해인 1891년에 시행되었는데 홋카이도·오키나와현은 제외되었다. 약간의 경위는 있지만 부현제府県制에서 도부현제都府県制로 일원화되는 것은 패전 후인 1946(쇼와21)년의 일이다. 내지(본토)에서

내지(본토)·홋카이도·오키나와의 행정 대비표

	내지(본토)	홋카이도	오키나와
폐번치현	1871년 (메이지4)	1869년(메이지2) 개척사 설치 1871년(메이지4) 관현(館県) 설치 1882년(메이지15) 삿포로현(札幌県)·하코다테현(函館県)·네무로현(根室県) 설치 1886년(메이지19)홋카이도청(北海道庁) 설치	1872년(메이지5) 류큐번 설치 1879년(메이지12) 오키나와현 설치
징병제 시행	1873년 (메이지6)	1889년(메이지22) 하코다테구(函館区), 에사시(江差), 후쿠야마(福山)에서 시행 1896년(메이지29) 오시마(渡島), 이부리(胆振), 시리베시(後志), 이시카리(石狩)에서 시행 1898년(메이지31) 도(道) 전체에서 시행	1898년(메이지31) 현 전체에서 시행(미야코, 야에야마 두 개군은 제외) 1902년(메이지35) 미야코, 야에야마 두 개군에서 시행
지조개정 시행	1873년 (메이지6)	1876년(메이지9) 일부 개시 1877년(메이지10) 홋카이도 지권발행조례 제정	1899년(메이지32) 오키나와현 토지정리법 시행 (토지정리 사업 개시)
시제·정촌제 시행	1889년 (메이지22)	1879년(메이지30) 홋카이도 구제(区制), 홋카이도 1급정촌제, 홋카이도 2급정촌제 공포 1899년(메이지32) 구제시행 1900년(메이지33) 1급 정촌제 시행 1902년(메이지35) 2급 정촌제 시행	1896년(메이지29) 오키나와현 구제시행[나하·수리] 1908년(메이지41) 오키나와현 및 도서 정촌제 시행
부현제 시행	1891년 (메이지24)	1901년(메이지34) 홋카이도회(北海道会) 설립 1922년(다이쇼11) 홋카이도회에 참사회(参事会) 설치	1909년(메이지42) 특별현제 (県制) 시행
중의원 의원 선거법 시행	1890년 (메이지23)	1902년(메이지35) 삿포로, 오타루(小樽), 하코다테부터 순차적으로 시행	1912년(메이지45) 이후 1919년(다이쇼8)에 이른다.

주) 구와바라 마사토桑原真人 『패전 이전 시기의 홋카이도에 관한 사회경제사적 연구』(홋카이도대학 부속도서관장, 1996년)을 바탕으로 작성

시제市制·정촌町村을 시행한 것은 1889(메이지22)년인데 이것도 홋카이도와 오키나와현에는 처음부터 적용하지 않았다. 시제에 해당하는 것은 홋카이도의 구제区制와 오키나와의 구제로, 시행된 것은 각각 1899(메이지32)년, 1896(메이지29)년 이후였다. 정촌제에 해당하는 것은 홋카이도 1급 정촌제(시행 1900년)·동 2급 정촌제(1902년)와 오키나와현 및 도서島嶼 정촌제(1908년)이다.

징병제(1873[메이지6]년)는 홋카이도에서는 1889(메이지22)년 이후에 순차적으로 시행되었고, 전국적으로는 1898(메이지31)년에 시행되었다. 오키나와도 미야코宮古·야에야마八重山 이외의 모든 현에서 1898년에 시행되었다. 징병제를 시행하는 시점이 내지(본토)와는 달랐기 때문에 징병제를 회피하려고 이들 지역으로 이주하거나 호적을 옮기는 자들이 이것을 합법적인 수단으로 이용하기도 했다.

지조개정(1873[메이지6]년)은 홋카이도에서는 지권발행조례의 제정으로 비교적 빨리(1877년) 이루어졌다. 이에 비해서 오키나와에서는 1899(메이지32)년 이후에 이루어져 비교적 늦은 시기에 시행되었다.

중의원 의원 선거법(1890[메이지23]년)은 홋카이도가 1902

~1903(메이지35~36)년부터, 오키나와현은 1912(메이지45)년 이후부터 시행했다.

이와 같은 점에서 내지(본토)와 홋카이도·오키나와현의 시책들이 일치하지 않는 것을 일목요연하게 알 수 있다(두 지역 사이에서 일치하지 않는 경우도 있다). 게다가 일치하지 않는 내용은 징병제와 납세라는 의무와 중의원 선거와 같은 권리 사이에서도 확인된다. 전자인 의무는 조기에 부여된 것에 비해 후자의 권리는 오랫동안 무시되었다. 이것을 차별이라고 하지 않는다면 무엇이라고 하겠는가?

차별이라고 하면 유신 후에 새롭게 치장한 종적 사회의 탄생을 들 수 있다. 사농공상士農工商의 신분사회는 해체되고 천칭賤稱(천한 칭호-역주) 폐지령(1871년 8월)이 발포되었다. 사회는 황족·화족·사족·평민으로 구분되고 '신평민'이라는 호칭도 생겼다. 이것은 '일군만민一君萬民'하의 '사민평등四民平等'이었기 때문에 관존민비官尊民卑의 풍조를 초래했다. 자유민권운동이 자유와 민권을 주장하고 그 일환으로 피차별 부락민 해방을 내건 것은 이러한 이유 때문이었다.

이러한 점을 염두에 두고 홋카이도와 오키나와의 각

각 독자적인 문제에 대해서 살펴보고자 한다.

홋카이도의 개척과 이민

　유신정부는 처음부터 에조치 개척을 의식하여 보신 전쟁 종결 직후인 1869(메이지2)년 7월에 개척사(당초 도쿄, 하코다테를 거쳐 1871년 삿포로[札幌]로 옮김)를 두고, 다음 달인 8월에는 에조치를 홋카이도로 개칭했다. 개척사는 홋카이도의 내무성이자 공부성이었다. 오쿠보의 부하인 구로다 기요타카黒田清隆(사쓰마. 차관을 거쳐 후에 장관이 됨)가 실권을 잡았다. 개척사의 간부로는 사쓰마번 출신자가 등용되어 번벌의 아성이 되었다. 이와쿠라 사절단과 동행한 5명의 여자유학생을 보낸 것이 바로 이 개척사였다.

　구로다는 미국의 개척을 홋카이도 개척의 모델로 삼고 미국 농무국 장관인 케프론Capron을 비롯해서 많은 외국인을 고용했다. 개척사업은 개척사의 주도로, 이러한 외국인 고용인이 정책 기획에 참여함으로써 이루어졌다. 개척사가학교開拓使仮学校(1872년에 홋카이도 개척을 위해 도쿄에 설립한 학교-역주)의 연장으로 미국 매사추세츠주

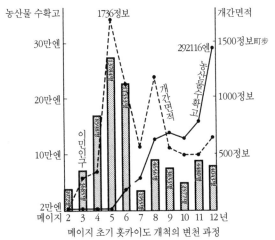

농산물 수확고

30만엔

20만엔

10만엔

2만엔

개간면적

1500정보町步

1000정보

500정보

1736정보

292116엔

이민인구

메이지 2 3 4 5 6 7 8 9 10 11 12년

메이지 초기 홋카이도 개척의 변천 과정

주) 정보(町步) : 논밭이나 산림 등의 면적을 정町을 단위로 셀 때 사용하는 용어. 1정은 10,000m²

입농대학 학장인 W·S·클라크Clark를 초대하여 1876(메이지9)년에 삿포로농학교札幌農学校(홋카이도 대학의 전신)를 설립했다.

개척사는 '내지'의 재래산업과 단절된 이 지역에서 근대산업을 이식하는 '실험의 장'으로 식산흥업정책을 시도했다. 그렇기 때문에 정부는 1871(메이지4)년에 이듬해인 1872년부터 10년 동안 천만 엔의 정액비용을 투입하기로 결정했다. 이것은 지금까지 투자한 연간 투입액의 5배였다. 실제로 1872(메이지5)년부터 1882(메이지15)

년에 이르는 만 10년간의 결산액은 총 2천 65만 9천 5백엔 정도였다(그 중 10년 동안 투입한 정액금은 8백 6십만 3천 3백엔 정도).

홋카이도로 이주하는 이민은 1874(메이지7)년부터 크게 변화했다(앞 페이지 그림 참조). 「이민보조규칙」이 모두 폐지되고 그 대신에 둔전병屯田兵(메이지 초기에 홋카이도의 개척과 경비를 위해 만든 농병[農兵]-역주)제도가 실시되었기 때문이다. '경작하면서 지킨다.'는 둔전병은 이주할 때 가옥과 그 외의 것을 지급받고 개척사가 관리했다. 처음에는 건강한 18세부터 35세까지의 사람들을 선발했다. 연대·대대·중대로 편성하고 농업을 하는 틈틈이 연병을 실시했다. 1885(메이지18)년에는 육군성의 통지로 둔전병 제도가 확장·개편되었다.

이 무렵부터 도호쿠 사족이 중심이었던 둔전병 마을은 서일본의 사족에게로 확대되었고, 평민도 가담하기 시작했다. 이것은 개척 이민의 전체적인 경향이기도 했다. 1890(메이지23)년에 둔전병 제도가 개정되어 사족 중심의 둔전병 마을은 점차 일반 평민으로 옮겨가 이주와 개척은 어느 정도 궤도에 올랐다.

홋카이도는 후발국인 일본이 세계 자본주의의 흐름

속에서 위로부터의 자본주의를 육성하기 위한 '실험의 장'이 된 동시에 남하하는 러시아에 대한 방위의 거점이라는 군사적 측면을 가지고 있었다.

아이누의 일본인화와 생활문화의 파괴

개척을 진행하는 것은 선주민인 아이누 사람들에게는 그들의 전통문화와 생활이 전부 파괴되는 것을 의미했다.

막부는 이미 막부말기에 아이누에게 '동화'될 것을 요구했다. 1856(안세이3)년에 지금까지 '이인夷人' '에조인'이라고 불리던 아이누의 호칭은 '토인土人(토착 주민)'으로 통일되었다. 이것은 외압에 대응한 에조치의 막부 직할화와 병행해서 이루어진 조치였다. 즉 페리 내항 이후 외국인을 '이인'이라고 부르기 시작했기 때문에 그들과 구별하기 위한 것이었다. 아이누 사람들을 외국인(이인)과 구별하여 '토인'이라고 한 것은 아이누를 일본인화 하려는 것을 의미했다. 사실 아이누의 일본인화를 위해서 그들에게 상투를 틀고 턱수염을 깎게 하고 머리모양을 일본화시키고 옷깃을 오른쪽으로 여미게 하는,

즉 '피발좌임被髮左衽[1]'을 그만두도록 강요했다. 하오리(기모노의 윗옷-역주)·하카마·무릎을 꿇고 앉는 것 등 외향적으로도 '내지'의 풍습을 받아들이게 했다(기쿠치 이사오[菊池勇夫] 「외압과 동화주의」 『홋카이도 연구』4, 청문당출판[淸文堂出版], 1982년 수록).

외향적으로 일본인화 되는 것을 강요함으로써 민족의 역사와 전통을 묵살하고 '동화'를 꾀하려고 한 점에서 후에 일본이 식민지에서 '황민'화를 노리고 시행한 정책들의 원형을 읽어낼 수 있다.

개척사는 이 막부의 '동화'정책을 더욱 적극적으로 추진해갔다. 아이누의 전통적인 풍습(여자의 문신과 남자의 귀고리 착용 등)과 생활에 직접 관련이 있는 수렵 등을 금지시키고, 호적 편성을 위한 일본식 성씨의 사용과 일본어의 학습, 익숙하지 않았던 농업 생산 등을 강요했다. 그리고 1878(메이지11)년에 개척사는 호칭을 '구토인[旧土人]'으로 통일할 것을 널리 알렸다. 이 호칭은 1899(메이지32)년에 공포한 「홋카이도 구토인 보호법」(아이누의 동화주의 정책을 목적으로 한 법률로, 미국 인디언들이 합중국 시민으로 동화

---

1) 머리를 묶지 않고 흐트러뜨린 모양과 기모노를 좌측으로 입는 것, 즉 야만인의 풍습을 의미함

되는 것을 기획한 도즈[Dawes] 법[1887년]의 영향을 받은 법)을 통해서 법적으로 정착되어 1997(헤이세이[平成]9)년에 이 법률이 폐지(「아이누문화진흥법」성립)될 때까지 이어졌다.

또한 1872(메이지5)년 이후에 홋카이도에서의 토지사유권에 관한 일련의 규칙과 조례가 마련되었다. 이와 같은 토지소유권 확립이라는 명목 하에서 토지의 소유라는 관념이 별로 없었던 아이누 사람들의 생활의 장은 근저에서부터 짓밟혀 갔던 것이다.

정부의 오키나와 정책과 민권파의 의견

이제 오키나와로 눈을 돌려보도록 하자.

유신 정부의 오키나와에 대한 관심은 에조치 문제보다는 심각하지 않았고 그 시기도 늦었다. 그런데 이에 대한 관심이 갑자기 커진 것은 1871(메이지4)년의 대만사건(류큐 표류민 살해사건. 류큐 도민이 대만의 동남부 해안에 표류했는데 66명 중 54명이 원주민에게 살해된 사건)을 이듬해 1872년 4월에 청국주재공사 야나기와라 사키미쓰柳原前光가 외무성에 보고했기 때문이었다.

대장대보인 이노우에 가오루는 곧바로 '류큐국'의 조

치에 관한 건의서를 정원에 제출했다. 그는 류큐와 사쓰마 및 중국과 관련된 역사와 언어·풍속·지세 등에 대해서 언급하고 현재까지 이어진 이들 3자의 애매모호한 상황을 일소하여 '황국의 규모 확장을 위한 조치'를 취해야 한다고 주장했다. 류큐를 오가사와라(현 도쿄도의 남동쪽에 위치한 섬들-역주)와 가라후토樺太(사할린의 일본어 명칭-역주)와 비교해 봤을 때 보다 중요한 국경선상의 거점이라는 것이다.

이 이노우에의 건의와 전후해서 외무경 소에지마 다네오미도 자신의 의견을 상세히 보고했기 때문에 정원은 좌원(입법자문기관)에게 류큐 문제에 대해서 자문을 구했다. 1872(메이지5)년 6월에 있었던 좌원의 회답은 지금까지 일본과 청나라 양쪽에 귀속되어 있었던 '류큐국'의 주도권을 일본이 가져오고, 일본이 류큐왕을 봉하고 청나라의 책봉(중국 황제의 신하임을 인정하는 책서[冊書])도 인정한다는 것이다. 대장성의 이노우에의 건의는 황권皇權의 확장을 통해서 류큐를 일본의 영토로 편입하려고 하는 것인데 반해 좌원은 사실상 일본의 속국으로 삼는 것을 인정하면서도 지금까지 지속된 중국과의 역사적인 사실을 긍정하여 일정한 거리를 두려고 했다. 이것은 류큐의 지배층 가운데 일부가 원하는 바에 가까웠다고 할 수 있다.

그러나 자유민권파 잡지인 『근사평론近事評論』의 의견(1876[메이지9]년)은 전혀 달랐다. 이것은 류큐 도민의 입장에 서서 그 '많은 사람들의 마음이 향하는 곳'이 '독립 자치'라면 그 방향을 향해서 앞장서서 독립을 승인해야 한다는 것이었다. '강이 약을 눌러서는 안 된다, 대가 소를 취해서는 안 된다는 대의'를 천하에 증명해야 한다는 것이었다. 류큐의 자치·독립론을 추진하고자 했던 것이다.

'류큐 처분'의 의미

그럼 실제로 메이지 정부의 류큐 정책은 어땠는가? 1872(메이지5)년에 류큐번이 설치되어 드디어 류큐의 관할이 내무성으로 이전되었다. 이것이 1874(메이지7)년의 일로, 이후에 대만문제와도 관련해서 정부는 강경책을 취했다. 바로 황권의 확장책인 것이다. 내무경인 오쿠보 도시미치는 1874년 말부터 이듬해인 1875년에 걸쳐 태정대신인 산조 사네토미에게 신속하게 '류큐 처분'에 관한 의견을 제출했다. '류큐 처분'이라는 말은 당사자가 붙인 호칭으로, '처분'은 공권력을 행사하는 것을 의미한다. 이 호칭대로 류큐 지배층의 완강한 저항을 무릅쓰고 '처분'은 강행되었다. 처분관處分官·내무대승内務大丞(1877년에는 내무 대서기관[大書記官]이 됨)인 마쓰다 미치유키松田道之는 1875(메이지8)년 이후에 류큐를 자주 방문했고, 3번째로 방문했을 때에는 경관 160명과 400명 가까운 병사의 힘을 빌려서 '처분'을 완료했다.

류큐번은 1879년 4월 4일에 포고에 의해 오키나와현이 되었다. 현청은 수리首里에 두었고 초대현령으로 나베시마 나오요시鍋島直彬(구 사가번의 지번[支藩]인 가고시마 번주)가 임명되었다. 류큐의 민중은 새로운 현의 정치에 대해서 저항하는 한편, 그 때까지의 가혹한 생활로부터 벗어나기를 꿈꾸며 새로운 현의 정치에 기대를 걸기도 했다. 메이지 정부는 이 오키나와 민중들의 기대에 답하는 대신 지배체제가 무너지는 것을 두려워하여 일본과의 통합을 반대하는 류큐 왕족을 비롯한 지배 계급의 위로와 포섭에 힘썼다. 또한 지배계급이 청나라와 내통하는 것도 두려워했다.

1882(메이지15)년에 류큐에서 거둬들인 총 세입은 65

만 5천엔, 오키나와에서 사용한 지방비의 세출은 45만 5천엔이었다. 그 차액인 20만엔은 메이지 정부의 수입이 되었다. 그렇다면 오키나와는 '류큐 처분'에 의해서 중앙에 수탈을 당한 것이었다. 이것은 홋카이도에서 실시한 10개년 계획에 자금을 투입한 것과는 정반대였다. 동일한 '내국 식민지'라도 자본의 양과 방향은 수탈과 투입이라는 역방향을 가리키고 있다는 점에 유의해야 할 것이다.

이것은 '류큐 처분'의 형태와도 관계가 있다.

'류큐 처분'의 형태에 대한 평가는 '일종의 해방'론에서 '침략적 통일' 또는 '위로부터의 민족적 통일' 등 다양하다. '류큐 처분'을 '민족적 통일'로 보는 것은 거의 공통적인 의견이다. 객관적으로 봤을 때에는 분명히 '민족적 통일'이라는 점을 부정할 수 없다. 그러나 이것은 결과론에 지나지 않는다.

왜냐하면 메이지 정부는 청나라와의 관계 때문에 오키나와의 '분도分島·개약改約'안을 제안했기 때문이다. 이 제안은 1879년 5월부터 8월에 걸쳐서 청일 양국을 방문한 전 미국 대통령 그랜트가 시사한 것을 바탕으로 한 것이다. 일본은 미야코·야에야마 등 사키시마제도先

島諸島[2]를 청나라에게 양보하고 그 대신에 그 때까지 지속되었던 청일수호조약을 개정하고자 했다. 이 제안은 청나라 내륙부에서의 통상을 포함해서 열강 수준의 권리를 얻는 것을 목적한 것이었다(류큐 이분안).

이에 대해서 청나라 쪽에서는 류큐 삼분안, 즉 북부(아마미제도)를 일본이, 중부(오키나와제도)를 '류큐왕국'으로 하고 남부(사키시마제도)를 청나라에게 달라고 제안했다.

'분도·개약'안은 1880(메이지13)년 10월에 일본이 제안한 안으로 타결을 봤지만 당시 청나라 측의 러시아 국경문제에 관한 다툼으로 인해 조인이 연기되어 결국 폐안이 되었다.

일본이 이 '분도·개약'안을 제안한 이상, '류큐 처분'을 메이지 정부의 '민족적 통일'이라고 할 수 있는가? 이것은 위로부터의 '국가적 통일'이기는 해도 결코 '민족적 통일'이라고는 할 수 없을 것이다.

후에 언급할 우에키 에모리植木枝盛는 이 '분도·개약'에서 보이는 메이지 정부의 방법은 '정말로 잔인무도하기 그지없는 것'으로 '야만, 무도의 극치에 달한 것이다'라고 하면서 『애국신지愛國新誌』(제26호, 1881년 3월 6일)에

---

2) 오키나와현 남서부의 미야코제도, 야에야마제도의 총칭

서 격렬한 분노를 표출했다. 메이지 정부는 민족의 일부인 오키나와를 분할하고 오키나와의 일부를 버리는 것으로 중국에 대한 외교상의 권리를 획득하려고 했던 것이다. 이것은 패전 후에 일본 정부가 오키나와현을 담보로 해서 일본의 '독립'을 실현하고 오키나와에 일본의 75%를 차지하는 미군 기지를 설치할 것을 강요한 것과 유사하다고 할 수 있지 않을까?

2. 자유민권운동은 무엇을 지향했는가?

민권운동의 3가지 흐름

패전 후 자유민권운동에 대한 연구는 놀라운 발전을 이루었다. 연구논문에 관한 목록만으로도 한 권의 책이 나올 정도이다.

이 패전 후에 이루어진 연구의 특징은 논리적인 연구는 물론, 가장 큰 특색으로 각지의 민권 연구자들이 개인적으로, 또는 연구회와 같은 조직을 이루어 사료의 발굴에 임하여 지금까지 오랜 기간 동안 감춰져 있었던 많은 역사적 사실이 처음으로 빛을 발하게 되었다는 점이다.

그 결과 자유민권운동의 흐름에는 3가지가 있다고 주장한다.

첫 번째는 일찍부터 민권운동으로 지적되었던 도사의 입지사立志社로부터 애국사愛國社로 전개되어 간 사족중심의 흐름(애국사적 조류), 두 번째는 지방의 민회民會를 바탕으로 점차 정치투쟁을 전개해간 호농 민권가를 중심으로 한 흐름(재촌적[在村的] 조류), 세 번째는 도시 지식인인 민권파 그룹의 흐름(도시민권파의 조류)이다. 이러한 조류가 합류, 또는 겹쳐져 상호 관계를 맺게 된 민권운동은 1870년대 중반부터 급속도로 퍼져나갔고 그 층도 두터워졌다.

민권운동은 그 주요 주체가 변화됨에 따라서 사족민권 → 호농민권 → 농민민권으로 도식화되기도 하지만 연구가 진행됨에 따라 그 정도로 단순하지는 않다는 것이 밝혀졌다. 그러나 도식화된 이 용어는 민권운동을 이해하기 위해서 사용하는 경우가 많다. 또한 막부 말·유신기에 일어난 농민 봉기와의 관계에 대해서도 관련성을 인정하는 견해와 부정하는 견해가 있다. 후자인 부정하는 견해는 자유민권운동은 유럽의 인권사상에서 출발한 근대적인 사상성을 가지고 있어서 봉기와 '요나오시'의 발상이나 요구와는 레벨이 다르다고 파악하는 것이다. 그러한 생각의 배후에는 봉기와 '요나오시'는 반권력, 반체제 운동이기는 하지만 어디까지나 봉건적인 틀 속에서 이루어진 것으로, 자유와 민권이라는 근대적인 개념과는 질이 다르다는 관점이 있다. 그러나 이미 살펴본 것처럼 봉기와 '요나오시'를 목표로 한 민중 측의 궁극적인 이상을 살펴보면(예를 들어 101~102 페이지 참조), 여기에는 일본적인 표현이기는 하지만 자유민권운동과 연결될 가능성이 있는 것을 발견할 수 있다. 봉기·'요나오시'와 민권운동과의 관계도 앞에서 언급한 '비연속의 연속'이라는 표현이 적합하지 않을까?

민권운동의 확산

자유민권운동은 이른바 정한론으로 패배하여 하야한 이타가키 다이스케(참의) 등이 1874(메이지7)년 1월 17일에 좌원에 민선의원의 설립 건백서를 제출한 것을 계기로 일어났다.

이 건백서는 민선국회를 개설하는 것을 목표로 했지만 참정권을 '유신의 공신'인 사족 및 호농상으로 한정했다. 이 사족민권('상류의 민권')의 한계는 1877(메이지10)년 6월에 입지사의 국회개설 건백 이후 점차 극복되어 갔다. 눈을 뜬 사족은 새로운 지식인이 되었다. 이들 사족의 지도자와 호농상층商層·농민(평민)이 결부될 가능성이 생겼고 그 요구도 국회개설뿐만 아니라 지조경감, 조약개정이라는 3가지로 확대되었다.

『민권자유론』(1879[메이지12]년)이라는 저서에서 고치현(도사국) 출신의 우에키 에모리(1857~1892)가 '국가의 근본인 인민의 자주, 자유와 중추가 될 헌법, 이 두 가지가 있어야 안정을 꾀하고 융성을 이루는 것이다'라고 한 것처럼, 헌법제정은 중요한 문제로, 당연히 그에 관한 일정이 정해졌다. 민권파는 1880(메이지13)년 3월에 제4회 애국사 대회에서 국회기성동맹國會期成同盟으로 조직을 바꿨다. 이들은 같은 해 11월에 제2회 국회기성동맹 대회와 이듬해인 1881년 10월의 도쿄대회에서 각 정치결사의 헌법 예상안 지참과 실력행사 때문에 '변고를 당한' 당사자 및 가족을 보조하는 「조변자부조법遭變者扶助法」을 가결했다. 이미 시작되었던 탄압에 대해서 철저한 실력행사로 임하려고 한 민권파의 의지를 엿볼 수 있다.

여기에서는 사족 민권의 한계를 돌파하고 있다. 아래로부터의 민권운동('하류의 민권')이 광범위하게 전개된 것이다. 1874(메이지7)년부터 1881년에 이르는 운동에 참가한 사람들의 수는 31만 9천여명 이상이었다고 한다(에무라 에이치[江村栄一] 『자유민권혁명의 연구』 법정대학출판회[法政大学出版会], 1984년).

이미 1879·1880(메이지12·13)년에는 신문과 잡지에서 민권운동의 이론적 기초인 국회론·헌법론이 논의되었고, 1881년에는 사의私擬헌법안(개인이 초고를 만든 헌법초안이라는 의미. 일반적으로는 민권파 헌법안을 가리키는 경우가 많다)이 지속적으로 발표되었다.

민권파가 작성한 헌법초안의 특징

이러한 헌법초안의 작성과정은 지역에 따라 다양하게 나타나는데 구체적인 학습활동의 예로서 지바 다쿠사부로千葉卓三郎 등이 초안을 만든 이른바 이쓰카이치헌법五日市憲法 초안(일본제국헌법. 전204조)이 유명하다. 이

것은 이로카와 다이키치色川大吉를 중심으로 한 연구 그
룹이 1968년에 도쿄도 시모이쓰카이치초下五日市町(현
도쿄도 아키루노시[あきる野市])의 산촌에 있는 후카사와深沢
가문의 쓰러져가는 창고에서 발견하여 빛을 보게 된 것
이다. '초안을 만든 사람은 치바 다쿠사부로 개인이지
만 그 배후에는 후카사와 나오마루深沢名生, 곤파치権八
부자 이외에 수 십명의 이쓰카이치 학술토론회와 학예
강담회원에 의한 공동연구와 토론의 흔적이 남아있다.
또한 여기에서 주목해야 할 점은 이 집단적인 창조 작
업에 참가한 사람들이 거의 20대에서 40대로, 이 지역
의 사족이 아닌 평민 민권가라는 점이다. 이것은 도사
의 입지사헌법立志社憲法 초안을 만든 사람들과 비교해
볼 때 큰 차이점이다.'(이로카와 다이키치[色川大吉]『자유민권』,
이와나미신서, 1981년)라고 설명한다. 그리고 200조 이상의
조문을 가진 것은 이 이쓰카이치헌법초안과 우에키 에
모리가 작성한 헌법안(후술)뿐이라고 하면서 '이 두 개는
인권에 관한 규정이 주도면밀하게 기술되어 있다는 점
에서도 쌍벽을 이룬다.'고 설명한다.

위에서 언급한 이쓰카이치 헌법초안은 오메이사嚶鳴
社 헌법초안을 참고로 했다고 한다. 그 외에 자유민권

파의 헌법초안으로는 헌법초안평림評林(오다 다케쓰나[小田為綱] 외), 대일본국헌법(사와베 세이슈[沢辺正修] 외), 사의 헌법안주해私擬憲法案註解(이토 긴스케[伊藤欽亮]), 일본헌법 예견안日本憲法見込案(나이토 로이치[内藤魯一])과 일본국국 헌안(우에키 에모리) 등 많은 초안이 있다.

이러한 것들은 민권파 개인과 그룹이 만든 것으로 성 격과 입장도 다르지만 민권파 헌법초안의 특징을 대략 적으로 설명해 보면 다음과 같다.

(1) 주권재민 또는 군민공치의 형태를 취하고 있다.

(2) 이원제가 일반적이지만 하원에 우선권을 부여한다.

(3) 이 하원의 선거자격은 일정한 조건을 충족하는 남 자만이다.

(4) 법률의 유보留保 하에서이기는 하지만 널리 인권을 보장한다.

소국주의 헌법안

그런데 입지사 계열의 우에키 에모리가 작성한 일 본국국헌안(전220조. 동양대일본국국헌안이라고도 한다)은

1881(메이지14)년 8월 이후에 만든 초안이다. 이것은 속출하는 사의헌법안이 마지막 절정기에 이르렀을 때 만들어진 헌법초안이었다(사의헌법안은 정부관계자의 초안을 포함해서 약 70점에 이르렀다고 한다).

이 일본국국헌안은 다른 초안과 비교해 봤을 때 인권보장에 대한 것이 철저하게 기술되어 있다. 인민주권의 입장에서 폭넓은 참정권을 부여함으로써 국회를 중심으로 한 민주주의를 실현하려고 했던 것이다. 나아가 지방자치를 실현하기 위해서 미국과 스위스를 모방한 연방제 국가 형태를 취했다. 그리고 이 초안은 불법·부당한 정부·관헌에 대해서 무력 저항권 내지는 혁명권마저도 인정한 조문을 마련했다.

우에키는 국가에서는 인민과 정부가 대등하다고 간주했다. 민권과 국권은 상관관계에 있고 국권은 민권을 지키기 위한 것이라고 했다. 그리고 각국의 인권 규정, 특히 벨기에와 네덜란드 등 소국의 인권규정도 열심히 연구하여 자신의 헌법안에 반영했다. 우에키의 헌법안은 국가를 소국화하는 것으로 직접민주제를 지향했다. 그리고 군비를 축소, 내지는 폐지하면 인민의 부담은 적어지고 그만큼 복지를 늘릴 수 있다는 것이었다. 이것을 종합해 보면 소국주의 지향의 헌법안이라고 해도 좋을 것이다.

이를 실현하기 위해서는 국가들 위에 '만국공의정부萬國共議政府', 즉 현재의 국제연합과 같은 존재가 필요하고 「우내무상헌법宇內(세계-역주)無上憲法」이라는 국제연합헌장과 같은 것이 필수불가결하다는 것이다(『무상정법론[無上政法論]』 외).

요컨대 우에키가 지향한 것은 안으로는 철저한 기본적인 인권 규정을 바탕으로 자유·평등을 인정하고 밖으로는 국가들 위에 서는 '만국공의정부'의 창설과 각국이 지켜야 할 「우내무상헌법」을 제정함으로써 세계 평화를 지키고 군비의 축소나 폐지를 지향하는 소국주의 국가 형태였다.

'동양의 루소' 나카에 초민

민권파가 궁극적으로 지향하는 바를 제시한 또 한 명의 인물이 있다. 이와쿠라 사절단과 동행하고 프랑스에서 루소를 배운 후 귀국한 도사 출신의 나카에 초민(1847~1901, 초민[兆民]은 만민이라는 의미)이다.

초민은 귀국하자마자 루소의 「민약론民約論」을 번역했다. 초민은 루소를 소개했다. '동양의 루소'라고 부르는 이유이다. 초민은 파리와 리용에서 공부했는데 이에 대해서 철저하게 조사한 이다 신야井田進也 씨는 조사 결과 드러난 것은 '유학시절 초민의, 윤곽이 뚜렷하지 않은 실루엣뿐이다.'라고 한다. 즉 프랑스에서의 초민에 대해서는 '잘 알 수 없다는 것을 알았다.'는 것이다 (『프랑스의 초민』 이와나미서점, 1987년). 이와 같이 '잘 알 수 없다는 것을 알았다.'고 단언하는 것은 엄청난 일이다. 이것은 엄밀한 학문적인 검토를 바탕으로 이루어진 것이 아니면 도저히 말할 수 없는 것이다. 잘 알 수 없다는 것을 알 때까지 연구하고 역사적 사실을 확정하는 것이 역사학이라고 한다면 알 수 없는 부분을 픽션으로 쓰는 것이 역사소설이다. 역사학과 역사소설의 기본적인 차이점인 것이다.

초민은 '공화'를 '자치'라고 번역해야 한다고 주장했다. 그것은 초민이 '군민공치'를 주장한 것과 관련이 있다. 초민은 예를 들어 군주가 있어도 실질적으로 재상을 선출하고 법률을 만드는 것이 인민이라면 '공화'도 '자치'도 같은 것이라고 보는 것이다. 오쿠보 도시미치가 영국을 모델로 '군민공치'론을 전개한 것은 앞에서 언급했는데 초민의 전기를 쓴 아스카이 마사미치飛鳥井雅道 씨는 '초민은 사실은 조금 늦게 오쿠보 도시미치의 뒤를 쫓고 있었다.'(『나카에 초민』요시카와코분칸[吉川弘文館], 1999년)라고 지적했다(이것은 초민을 오쿠보와 지나치게 가깝게 접근시키는 경향이 있지만 반대로 필자는 이와 같이 가까운 시점에서 오쿠보에 대해서 다시 평가해 보는 것도 좋다고 생각한다). 오쿠보가 죽은 후 '정부가 오쿠보의 코스를 부정하고 전제를 선택했을 때 초민은 어쩔 수 없이 정부의 적이 된 측면이 있다는 점을 의식해야 한다.'(위와 동일)라고도 설명했다.

천황의 전국순행

민권파의 주장에 대응해서 정부가 힘을 기울인 것 중 하나는 천황의 전국순행이었다. 이것은 천황이 직접 각지를 돌면서 천황의 이미지를 민중에게 침투시키기 위한 정부의 조작이었다. 이것이 절정에 이른 것은 1872(메이지5)년부터 1885(메이지18)년에 이르는 이른바 6대 순행이었다. 순행은 1872년, 1876년, 1878년, 1880년, 1881년, 1885년으로 이어졌다. 그 대부분이 한 달반에서 두 달이라는 장기간에 걸친 것이었다. 그리고 그 족적은 북으로는 홋카이도에서, 남으로는 가고시마에 이르기까지 전국에 걸쳐있었다.

천황은 당시의 정부수뇌와 고관, 지방장관 등을 데리고 각지를 대표하는 명망있는 가문의 저택에 들린 후 지방의 사범학교·재판소를 방문했다. 또한 고령자·정조를 지킨 부인·효자 등에게 금전과 물품을 주고 포상했다. 천황의 권위와 인자한 이미지를 민중에게 침투시키는 연출이 곳곳에서 이루어졌다. 그리고 '천자는 살아있는 신'이라는 신앙도 유포시켰다.

1882(메이지15)년에 궁내성 일등시강侍講(군주에게 학문을 강설하는 사람-역주)이었던 이지치 마사하루伊地知正治의 발언을 살펴보면 그때까지 천황은 천황·천황폐하를 비롯하여 황상皇上·성상聖上·성주聖主·지존至尊·주상主上·천자天子·황제皇帝·국제國帝 등의 다양한 용어로 표현되었는데 천황이라는 호칭이 공식적으로 정착된 것은 이 무렵부터인 듯하다.

메이지 정부가 민권운동과 대결하게 된 결정적인 계기는 오쿠보의 사후 3년이 지난 1881년에 일어난 정변 때문이었다.

나카에 초민의 소국주의

이 정변에 대해서는 다음 절에서 자세히 설명하겠지만 여기에서는 정변의 프로듀서라고도 할 수 있는 이노우에 고와시井上毅와 나카에 초민의 관계에 대해서 간단히 언급하고자 한다. 이노우에는 이와쿠라의 부하이자 이토의 두뇌 역할을 했는데 초민과 이노우에는 사상적으로는 대립하면서도 우정을 나눴다고 한다. 이러한 점에서 메이지라는 시대가 가능하게 한 인간 사이의 포용력이라고 할까, 인간성의 깊이라고 할까 그러한 점을 느낄 수 있다. 이것은 국민의 명운을 자신이 짊어진다는, 국가를 만드는 시대의 사명감을 가지고 있다는 공통점이 있었기 때문일 것이다.

이후에 언급할 초민의 『삼취인경륜문답三醉人経綸問答』은 1887(메이지20)년에 출판되었는데 그 전에 초민은 원고를 가지고 이노우에 고와시를 찾아가서 그의 의견을 들었다. 아스카이 씨는 이노우에가 '재미있는 취향을 가지고 있지만 초심자에게는 이해하기 어렵다.'고 말했다는 것을 소개하고 있다.

초민은 프랑스에서 귀국한 후 원로원 권소서기관權少書記官이 되었는데 1877(메이지10)년에 서기관을 그만두고 이후 민간에서 점차 전제화되어 가는 정부를 통렬하게 비판하고 민주주의 이론과 사상을 민권운동의 진영에 제공하는 데 커다란 역할을 했다.

초민은 이와쿠라 사절단의 외유조가 권력을 쥐고 오로지 서구화를 지향하여 '부국강병'을 슬로건으로 내건 것에 대한 모순을 지적했다. 즉 '부국'을 하려고 한다면 '강병'은 어렵고 '강병'을 실현하려고 한다면 '부국'은 곤란하다는 것이다. 그리고 '부국강병'을 슬로건으로 해서 대국주의의 길을 걷기 시작한 메이지 정부에게 오히려 소국주의의 길을 명확하게 대치시켰다.

초민은 다음과 같이 말한다. '소국 스스로가 자신을 믿고 그 독립을 유지하기 위해서는 다른 방책이 없다. 신의를 굳건히 지켜 흔들리지 않으며, 도의가 있는 곳이라면 대국이라도 두려워하지 않고 소국이라도 얕보지 않는다.'

이것은 이와쿠라 사절단의 보고서가 '국민의 자주 정신'에 대해서 언급한 부분에서 '큰 것도 두려워할 필요가 없고, 작은 것도 얕볼 필요가 없다'고 기술한 것과 유사하다(144~145페이지). 그리고 그는 다음과 같이 덧붙이고 있다. '만약 다른 나라가 불의의 군대로 공격해 왔을 때에는 국민 전체가 초토화되더라도 싸워야지 항복해서는 안 된다. 인접 국가에서 내분이 일어나더라도 함부로 병사를 일으켜 쳐들어가서는 안 된다. 하물며 약소한 국가에 대해서는 이것을 받아들이고 사랑하여 점차 진보의 길로 향하도록 해야 한다. 외교의 길은 이것뿐이다'(『논외교[論外交]』). 도의를 세운 국가 건설에 의한 불굴·중립의 소국주의다.

19세기인 1880년대에 일본을 둘러싼 국제정세는 복잡했기 때문에 초민은 이 소국주의의 이념이 그대로 실현되지 않을 것이라는 점을 알고 있었다. 그렇기 때문에 그는 그의 저서 『삼취인경륜문답』에서 이것을 서양의 근대사상에 입각해서 소국주의의 이상을 열성적으로 주장하는 양학 신사와 대국주의적인 국권주의를 대표하는 호걸, 이상을 가지고 있으면서도 실현을 위해서 고뇌하는 현실주의자인 난카이南海 선생 3자가 서로 마주보고 이야기하는 형태로 제시했다.

다시 한 번 말하지만 여기에서 말하는 소국주의는 민권파가 메이지 정부라는 실제로 대국주의를 걷기 시작한 정치노선과 대치시킨 이념적인 정치노선이었다. 이 두 개의 노선 사이에서 느끼는 난카이 선생의 고뇌는

소국주의를 바탕으로 현실의 정치노선을 바라보려고
한 데에서 비롯된 것이다. 지향하는 소국주의에 대한
이상이 높으면 높을수록 험난한 고난의 길이 기다리고
있다. 그리고 그 벽은 두터운 것이었다.

3. 탄압과 분열과 복류(伏流) 현상

1881년의 정변과 이토 히로부미

지금까지 조금씩 언급해 온 1881년 10월의 정변은 메
이지 정부와 민권운동 사이를 이분시키는 결정적인 갈
림길이 되었다. 정변의 내용은 다음의 3가지이다.

(1) 개척사(홋카이도)의 관유물官有物의 불하拂下 중지

(2) 오쿠마 시게노부의 참의 면직

(3) 1890(메이지23)년을 기점으로 국회개설을 약속하는
 칙유勅諭 발포

특히 (3)의 10년 후에 국회를 연다고 약속한 것은 이

노우에 고와시가 적절하게 언급하고 있듯이 이로 인해서 다수의 인심과 중립파를 정부 쪽으로 끌어들이고, 동시에 반대파에게는 저항을 불러일으켜 적과 아군을 명확하게 구분하기 위한 것이었다. 여기에는 당시 정치 정세에 대한 정부의 전략적인 정치 의도가 숨어 있다. 그렇기 때문에 칙유는 '만약 특히 서둘러서 나라의 소요를 선동하여 국가의 안전을 해하는 자가 있다면 이에 대해서 국법을 가지고 대처해야 한다'고 하여 정부 반대파에 대한 탄압을 공공연하게 선언했다.

(1)은 반대 여론에 대해서 한 걸음 양보한 것이었다. (2)의 오쿠마 추방은 이노우에가 가장 경계하고 있었던 오쿠마의 배후에 있다고 본 후쿠자와 유키치福沢諭吉를 중심으로 한 교순사交詢社 일파를 일망타진함으로써 이와쿠라와 이토 진영을 공고하게 하기 위한 것이었다.

위에서 제시한 칙유의 탄압 선언은 민권파에 대한 선전포고이기도 했다. 이러한 점에서 말하자면 저항권과 혁명권까지 주장한 우에키의 헌법초안은 말도 안 되는 것이었다.

이듬해인 1882(메이지15)년 8월 27일에 독일 땅에 있으면서 먼 고국 일본의 정치 상황이 불안한 것에 주목하고 있던 이토 히로부미는 같은 고향 출신인 야마다 아키요시山田顯義에게 보낸 편지에서 다음과 같이 이야기하고 있다.

'민중 전체가 정부를 원망하고 있을 리는 없다는 점에서 메이지 초기의 7·8년간처럼 정치가 지나치게 관대하면 위엄은 완전히 사라지게 될 것이다.(즉 자유민권론이 파급되면 정권 통일의 근원이 약화된다는 것도 무언誣言[일부러 사실을 거짓처럼 말하는 것]이 아니다).'

자유민권론이 만연해서는 정권이 통일을 강화할 수 없다. 그리고 현재 독일의 '부국강병'과 국민의 '안녕·행복'은 '자유민권의 씨앗'에 의해 생긴 것이 아니다. 국왕이 '남긴 법과 덕의 여운'에 의한 것이라고도 언명했다(『야마다 아키요시전』 일본대학[日本大學], 1963년). 이것은 이토가 이 땅에서 배운 프러시아 군주 전제 체제에 대한 확신으로, 반자유민권을 강하게 표명한 것이었다(219페이지 참조). 이토에게는 자유민권 그 자체가 바로 적이었던 것이다.

정당의 결성과 격화사건(激化事件)

정변 직후인 10월 말에 이타가키 다이스케를 총리로 하는 자유당이 결성되고, 이듬해인 1882년(메이지15)년 3월에 오쿠마 시게노부를 추대한 입헌개진당이 창당되었다. 일반적으로 자유당은 프랑스파의 정치사상을 바탕으로 지방 농민 중 지주·호농상층과 사족층이 만든 것임에 반해서 개진당은 도시 부르주아와 지식인을 기반으로 한다고 말한다. 그러나 양자는 서로 교차되는 점이 많다. 가장 단순하게 보면 도사·이타가키의 자유당 vs히젠·오쿠마의 개진당이라는 관점도 빼놓을 수 없다.

일본에서 최초로 성립된 이 두 개의 정당은 결당에서 해산(자유당은 1884년 10월에 해산, 개진당도 오쿠마 등이 이탈하여 형태만 갖춘 것이 되었다)까지 서로 대립하여 방해하고 때로는 서로를 비난했다. 당내에서도 중앙과 지방으로 분열되었다. 민권운동의 목표 중 하나는 국회 개설이었기 때문에 그것을 10년 후에는 실현할 것이라는 정부의 회답이 칙유의 형태로 발표된 것은 분열을 한층 가속화시켰다.

게다가 오쿠마의 재정정책으로부터, 대장경인 마쓰카타 마사요시松方正義에 의한 인플레에서 디플레로의 마쓰카타 재정정책으로의 전환은 중소 상공업자와 농민에게 커다란 타격을 주었다. 쌀값과 누에·생사 등의 가격인하와 증세로 인해 영세농민은 말할 것도 없이 중소농민 등 상당한 재력을 가진 농민까지도 부채로 괴로워하여 토지를 내놓지 않을 수 없는 상황이 되었다. 1884(메이지17)년에 절정에 달한 전국 각지의 농민 소동이 끊임없이 일어난 것은 그러한 분위기를 반영한 것이었다.

그 사이에 민권운동도 후쿠시마 사건(1882년), 다카다高田 사건(1883년), 군마 사건, 가바산加波山 사건, 지치부秩父 사건, 나고야 사건, 이이다飯田 사건(이상은 1884년) 등, 이른바 격화사건으로 이어졌다. 개개의 사건은 사정이 각각 다르지만 중하층 농민이 주체가 되어 지방의 자유당원이 조직적으로 사건을 계획하고 민중의 생활요구와 민권사상이 밀착하여, 때로는 군대와도 결부되어, 민권운동의 가장 급진적인 흐름을 나타냈다. 그와 동시에 여기에는 주체적으로도, 객관적으로도, 여전히 미성숙한 점들이 너무나 많았다. 그렇기 때문에 정부의 교묘하고 강인한 탄압정책에 의해 모두 실패로 돌아갔다.

그 중에 한 가지, 1884(메이지17)년의 지치부곤민당困

民党을 중심으로 한 지치부 사건은 서양사 연구가인 이노우에 고지井上幸治 씨의 역작 『지치부 사건』(주코신서 [中公新書], 1968년)에 의해 주목을 받은 후 많은 연구 성과가 발표되었다. 이 지치부 사건을 통해서 지도층은 '전국이 전부 봉기하여 현 정부를 전복시키고 바로 국회를 여는 것이 혁명이다'라든가, '황송하지만 천황에게 대적할테니 가세하라'라고 하여 그때까지의 민권운동의 틀을 훨씬 뛰어넘었다. 그만큼 탄압은 심했고 정부는 경찰뿐만 아니라 군대까지 동원해서 진압했다.

일본과 조선

여기에서 잠시 조선과의 관계로 눈을 돌려보자.

1875(메이지8)년에 일본의 군함(운양[雲揚])이 조선의 현관인 강화도 부근에서 측량을 시작한 것을 계기로 일본은 조선 측과 충돌하게 되었다. 그 후 일본은 강화도의 포대를 파괴하고 영종도를 점령하여 민가를 불태웠다(강화도 사건).

그 결과 조일수호조약(강화조약·12개조)이 조인되었다. 제1조에서는 조선은 '자주국가'로 일본과 '평등한 권리'

를 가지고 있다고 주장했다.

그러나 여기에서 말하는 '자주국가'란 그 때까지 청나라가 조선을 지배하에 두고 있었기 때문에 청나라로부터 분리하는 것을 의미하는 것으로, 일본이 그 주권을 존중하는 것은 아니었다. 오히려 일본은 조선의 개국을 위해서 페리가 일찍이 일본에게 한 역할을 모방하려고 했다. 막부말기에 구미 선진국들에게 일본이 맛본 쓴 맛을 이번에는 조선에게 그대로 맛보게 하려고 했다. 이 일본의 강압적인 자세가 조선의 내정개혁과 관련해서 1882(메이지15)년의 임오군란과 1884(메이지17)년의 갑신정변을 일으키게 되었다.

임오군란은 조선의 수도인 한성(서울)에서 일본의 영향 하에 있었던 민비(시호 명성황후) 정권의 군제개혁에 반대하여 일어난 군대의 반란이었다. 일본인 군사고문은 살해되고 일본공사관은 습격을 받았다. 이 반란은 민씨와 대립하고 있었던 대원군 일파와 결부되어 있었기 때문에 민씨 일족의 타도와 배일무력전쟁이라는 정치적 반란으로 발전되었다.

이 임오군란에 대해서 일본정부에서 가장 강경한 의견을 피력한 인물은 참의인 야마가타 아리토모였다. 그는 군대를 파견하여 개항장을 점거하고, 경우에 따라서는 요충지인 섬들도 점령하여 배상을 요구하기 위한 저당으로 삼으라고 주장했다. 이 야마가타의 의견이 내각을 지배했다. 그리고 현안이었던 조선과의 통상을 둘러싼 문제들도 이것을 계기로 일시에 해결하려고 했다.

그러나 민씨 일족 대신에 정권을 잡은 대원군은 민씨 일파의 출병 요청에 응한 청국군에게 붙잡혀 청나라로 호송되었다. 또한 반란은 청국군에 의해 진압되어 일본의 무력진출은 군사적으로 청나라와 충돌할 여지가 있었다. 미국도 군함을 파견해서 일본을 견제했다.

1882년 8월말에 조일 사이에서 제물포조약 6개조가 체결되었다. 배상금 외에 일본공사관의 호위를 위한 주병권駐兵權이 인정되었다. 새로운 개항장도 마련되어 일본 상인의 활동범위가 확대되었다.

이러한 상황을 보고 이노우에 고와시는 1882년 9월에 '조선 정략政略'에 관한 의견 속에서 조선과 청나라의 삼국동맹이라는 것은 몽상에 불과하다고 언급했다.

청나라도 10월에 조선과 무역장정을 체결하여 조선에 대한 종주권을 강화했다.

1884(메이지17)년에 청불전쟁이 일어났고 청국군은 연

전연패를 했다. 그 해 12월에 조선에서는 개화파(독립당)인 김옥균·박영호 등이 일본군의 도움을 얻어 민씨 정권을 타도하려고 쿠데타를 일으켰다. 이것이 갑신정변이다. 민씨 일파인 수구파(사대당)는 바로 청나라에 도움을 청하여 반격에 나섰다. 청일 양군은 충돌하여 일본군은 우세한 청국군에게 패했고, 쿠데타에 의한 정권 장악은 말 그대로 3일 천하로 끝났다. 김옥균 등은 일본으로 도피했다.

1885(메이지18)년 1월에 일본은 조선과 한성조약을 체결하고 조선에게 사죄와 포상을 요구했으며, 4월에는 이토 히로부미가 전권위원이 되어 청나라의 전권위원인 이홍장李鴻章과 톈진조약을 맺었다. 청일 양국군은 서로 조선에서 군대를 철퇴시키는 것을 인정하는 동시에 이후 출병을 할 때에는 상호 통지하자고 이야기했다.

이렇게 해서 임오군란·갑신정변을 둘러싼 조선 문제는 청일의 대립을 초래하는 동시에 조선을 러시아와 구미 열강의 이해관계의 대상으로 만들어버렸다. 즉 1884년 이후의 조선 문제는 동아시아의 이해가 서로 충돌하는 데 그치지 않고 세계열강의 제국주의의 교차점이 된 것이다. 그리고 일본은 이 조선 문제를 지렛대로 삼아서 군국주의를 추진해갔다.

임오군란 직후인 1882(메이지15)년 8월부터 9월에 걸쳐 야마가타 및 이와쿠라는 각각 의견서를 제출하고 군비확장을 요구했다. 내부에 대한 천황제 지배의 강화, 외부에 대한 국권확장, 이를 위한 군비의 확장을 수행해 갈 것을 역설한 것이다. 실질적인 '국민개병'을 위한 징병제도의 잇따른 개정(162페이지 참조)과 국방회의의 설치·진대鎭臺(메이지 전기의 육군 군단-역주) 조례의 개정·감군부監軍部(군대를 감독하는 곳-역주)의 신설(모두 1885년에 시행) 등은 그것을 위한 조치였다.

민권운동의 대응과 국권으로의 경도

그럼 민권운동은 이러한 흐름에 어떻게 대응했는가?

임오군란이 일어난 그 다음달, 즉 1882(메이지15)년 8월 9일 밤에 후쿠시마현 시라카와초白川町에서 있었던 정담政談연설회에서 그 지방의 변사와 함께 4번째로 고치현 야마다촌山田村의 평민인 이노우에 헤이키치井上平吉가 등단했다. 그는 '일본의 전제로부터 자유가 회복되지 않는 동안에는 조선을 내버려둬라'라고 연설했다.

그가 말하고자 하는 의미는 국내 인민의 자유 획득이야말로 지금 해야 할 첫 번째 과제로, 조선과의 관계는 그 다음이라는 것이다. 적어도 여기에서는 민권이 주이고 국권은 그 배후에 있는 문제였다. 이것은 같은 시기에 자유당 기관지인 『자유신문』에서 나카에 초민이 언급한 말─ '소국 스스로가 자신을 믿고 그 독립을 유지하기 위해서는 다른 방책이 없다. 신의를 굳건히 지켜 흔들리지 않는다.'라는 것은 이 이노우에의 연설에서 보이는 주장과 서로 호응할 뿐만 아니라 한층 더 깊어진 논리를 보여준다. 다시 말해서 안으로는 민권, 밖으로는 소국주의라는 정치이념을 표명한 것이다.

그런데 1884(메이지17)년에 일어난 가바산 사건(9월)을 경계로 이 『자유신문』도 국권확장을 주장하고 조선에 대한 간섭을 요구하기 시작한다. 후쿠자와 유키치가 '인접국의 개화'를 기다려서 함께 아시아를 부흥시키는 것이 아니라 '그 틀에서 벗어나 서양 문명국과 진퇴를 함께 한다'라고 한 그 유명한 '탈아론脫亞論'을 주장한 것은 1885(메이지18)년 3월의 일이었다. 조선 문제의 전개, 그것을 지렛대로 삼은 메이지 정부의 군사주의화는 일본의 부르주아 민주주의 혁명운동이라고도 할 수 있는 자유민권운동의 분열과 병행해서 이루어진 것이었다.

그렇기 때문에 1885년 11월에 발각된 오사카 사건은 오이 겐타로大井憲太郎 등이 임오군란·갑신정변으로 이어지는 조선의 긴박한 정치 정세 하에서 거병으로 청국과의 외교적 위기를 조성하고, 나아가 조선의 내정개혁을 통해서 일본의 민심이 일신되어 민권운동의 전환을 꾀하려고 한 것이었다. 『나의 반평생』의 저자인 후쿠다福田(가게야마[景山]) 히데코英子가 관여하고 있었던 것은 잘 알려져 있다. 이것은 대외에 대한 위기감을 고취시켜 민권운동을 고양시키려고 한 것임에도 불구하고 오히려 운동을 대외문제로 바꾸는 국권론으로 경도되어 가는 현상을 볼 수 있다. 이것은 탄압 속에서 신음하는 민권운동이 밖으로 배출구를 찾은 사건이라고도 할 수 있을 것이다.

대동단결운동과 보안조례

자유당의 해산, 그리고 개진당의 사실상의 해산, 격화사건의 빈발, 정부의 탄압, 민권론의 국권론으로의 경도 등에 의해 민권운동은 분열과 막다른 길로 접어들었다.

그러나 1886(메이지19)년 무렵부터 경제계가 불황에서 벗어나고 국회의 개설 시기가 다가오자 민권파는 그 조직을 재편하고자 했다. 정부의 조약개정안이 반드시 일본에 유리한 것은 아니라는 점이 폭로되었고, 1886년 10월의 노르망튼호 사건(영국의 화물선 노르망튼호가 기슈 앞바다에서 조난당했을 때 영국의 선원들은 전원 보트를 타고 탈출했으나 일본인 승객 25명은 전원 유기되었음)을 둘러싸고 이루어진 영국의 영사재판이 일본 측에 불리한 결과를 낳자 일본인들은 분노하여 다시 민권운동이 고양되는 계기가 되었다. 1887(메이지20)년 10월에 고치현의 대표자인 가타오카 겐키치片岡健吉 등은 언론집회의 자유·지조의 경감과 더불어 외교를 만회할 것을 주장했다. 그리고 이른바 3대 사건 건백서를 원로원에 제출했다.

이러한 정세 하에서 구 자유당계를 중심으로 한 모든 반정부파의 통일이 요구되었다. 여기에 고토 쇼지로·호시 도오루星亨의 '소이小異를 버리고 대동大同을 중심으로 한다'는 대동단결운동이 추진되었다.

이 운동에서는 다가올 국회개설에 대비한 지방 호농상(지방의 명망있는 집안)의 중앙정계 진출과 중앙 지도자의 세력 지반의 확보·확대 요청이 교차했다. 운동의 내부에서는 당파적, 파벌적인 대립을 내포하고 있었는데 운동의 첨예화와 확산을 두려워한 제1차 이토 히로부미 내각은 내상內相인 야마가타 아리토모, 경시총감인 미시마 미치쓰네三島通庸의 주도 하에 1887년 12월 26일에 갑자기 칙령으로 보안조례를 발포하고 바로 그 날 시행했다. 570여명에 이르는 민권파 인사들은 내란을 음모·교사하고 치안을 방해할 우려가 있다고 해서 황거 밖 3리 이외의 땅으로 추방되었다.

니가타현 간바라군蒲原郡 출신의 구 자유당원 니시카타 다메조西潟為蔵는 엣사(에치고국[越後国]과 사도국[佐渡国]. 현 니가타현-역주)동맹회의 중심적인 지도자 중 한 명이었는데 12월 26일 밤 오후 11시에 갑자기 도쿄·교바시京橋 경찰서의 순사 2명에게 숙박 도중에 습격을 당해 경찰서로 연행되었다. 당일 공포·시행된 보안조례가 집행된 것이었다. 27일 오후 3시를 기해서 만 1년간 도쿄로부터 퇴거하라는 명령을 받았다.

나카에 초민도 2년간 도쿄에서 추방되었다. 오사카로 옮긴 초민은『시노노메신문東雲新聞』을 거점으로 논진을 폈다. 그의 소국주의의 일환인 '토착병론土着兵論'

은 이 신문에서 전개되었다. 정부가 실시하고 있는 징병제에 의한 상비군 제도를 폐지하고 민중의 자발적 방위 의식에 의거한 민병제를 주장한 것이다. 논고 「신민세계新民世界」도 이 신문에 게재되었다. 초민은 피차별 부락민 속으로 들어가 그 저변에서부터 사회·정치적 모순점을 비판했다.

대국주의로 가는 길

탄압책이 동시에 정치적 회유책을 포함하고 있는 것은 어느 시대에나 마찬가지일 것이다. 운동의 중심인물인 고토 쇼지로 및 그 측근이라고 여겨지는 사람들은 추방에서 제외되었고, 결국 고토는 정부의 권유를 받아들여 이토 내각의 뒤를 이은 구로다 기요타카 내각의 체신대신遞信大臣으로 입각했다(그 후 제1차 야마가타 아리토모 내각, 그리고 제1차 마쓰카타[松方] 내각에서도 재임한다).

대동단결운동은 분열되었다. 이후 운동은 파벌의 대립·재편과정을 통해서 1890(메이지23)년 9월에 민당民黨(야당)의 중심적인 존재가 될 입헌자유당을 결성하여 초기의회를 맞이한다.

다음 장에서는 정부의 탄압책이 효과를 나타내고 그
사이에 대일본제국헌법이 착착 준비되어 가는 과정에
대해서 살펴볼 것이다. 그리고 일본은 조선 문제를 지
렛대로 삼아서 군국주의를 강화한다. 이것은 일본이 점
차 대국주의로 가는 길을 걷기 시작한 것을 의미한다.
그와 비례해서 민권운동의 소국주의는 초민 등의 주장
에도 불구하고 억압되어 수면 하에서 움직이게 되었다.
아니, 수면 하에서 움직이지 않을 수 없게 된다. 초민의
『삼취인경륜문답』이 간행된 것이 대동단결운동과 거의
시기를 같이 한 1887(메이지20)년 5월이었던 점에는 깊은
의미가 있다고 할 수 있다(196페이지 이하 참조).

요슈 지카노부(揚州周延) 필 「헌법 반포식 그림」. 1889(메이지22)년 2월 11일 메이지 천황이 대일본국헌법을 발포했다(도쿄대학 법학부 부속 메이지 신문잡지문고 소장)

제6장
메이지 헌법체제

1. 대일본제국헌법

위로부터의 입헌제 창출

정부 부서 내의 좌원에서는 일찍부터 국헌國憲 제정에 대한 의견이 제출되고 있었다. 1875(메이지8)년에 이루어진 오사카 회의 결과 좌원은 폐지되고 원로원元老院이 설치되자 국헌의 편찬은 원로원이 담당하게 되었다.

이 원로원의 국헌편찬은 한편으로는 일본의 '건국의 형태'를 바탕으로 하고, 다른 한편으로는 널리 해외 각국의 헌법을 취사선택하는 것을 기본 방침으로 삼았다. 그리고 원로원에서는 1880(메이지13)년까지 그 사이에 국헌 제1차 초안인 「일본국헌안」부터 제3차 초안까지 만들었다. 그 동안에 1877(메이지10)년에는 기도 다카요시가 병사했고 이듬해 오쿠보 도시미치는 암살당했다.

그러나 이와쿠라 도모미와 이토 히로부미 등은 이 원로원의 국헌 초안을 채택하지 않기로 결정했다. 이토는 이 초안에 대해서 각국 헌법의 재탕으로 일본의 국체와 인정人情 등을 전혀 고려하지 않았고 장래의 치안과 이해관계도 고려하지 않았다고 했다. 그러나 각국의 헌법을 취사선택한다는 것은 원래 초안 작성을 위한 기본

방침이 아니었는가? 그럼에도 불구하고 원로원의 초안을 채택하지 않은 것은 이것이 후의 일본제국헌법(메이지 헌법)과 공통점을 가지고 있다고는 해도 그 내용이 메이지 헌법보다 훨씬 민주적인 색채를 띠고 있었기 때문이다.

그 무렵 이미 앞에서 살펴본 바와 같이 자유민권운동이 확산되고 고조되어 갔다. 이 민권운동에 떠밀려서 이와쿠라·이토 등은 이미 헌법제정·국회개설은 피할 수 없다고 인식하고 있었다. 그렇기 때문에 반대로 민심의 동향에 편승하여 기선을 제압하고 위로부터의 입헌제를 창출하여 정부의 기초에 민심을 반영하고자 계획했다. 반대로 말하자면 민권운동의 동향이 정부 수뇌의 의도를 근저에서 규정했다고 보아도 무방할 것이다.

헌법제정을 둘러싼 이와쿠라—이토 라인과 이노우에 고와시

이와 같은 규정 요인과 정부 부서 내의 번벌적인 대항, 파벌 내의 인간관계의 대립, 그 위에 관료기구의 급속한 팽창에 의해 드러난 관료제의 모순 등이 결부되었을 때 정세가 어떻게 격변할지 알 수 없었다. 1881년의 정변은 그에 대한 대응책 중 하나였다.

정변의 결과 이와쿠라—이토 라인은 공고해졌다. 그 무대 뒤에서 활약한 것이 메이지 헌법의 실질적인 작성 자인 이노우에 고와시였다. 그는 이와쿠라의 부하로, 메이지 국가의 플랜 메이커였다. 당시 태정관 대서기관 였던 이노우에는 1872(메이지5)년에 이와쿠라 사절단의 추가 멤버로 유럽으로 건너갔다. 귀국 후 오쿠보·이와 쿠라·이토에게 알려져 있었던 그는 이때 이미 프러시아 헌법에 주목하고 있었다. 이노우에의 배후에는 로에슬 러Roesler가 있었다. 로에슬러는 독일 태생의 경제학자 이자 공법학자로, 1878(메이지11)년에 외무성 고문으로 일본에 와서 이노우에에게 헌법문제에 대해서 가르치 는 선생님이자 조언자였다. 이노우에는 이와쿠라와 이 토에게 끊임없이 의견서를 제출했다. 그리고 일본에서 는 왜 천황이 하사하는 형태로 흠정헌법을 만들어야 하 는지에 대해서 설명했다. 그는 이와쿠라에게는 헌법의 초안 작성은 정부 수뇌부 전체의 책임이라고 하고, 이 토에게는 유신 이래의 대업을 성취하기 위해서도 헌법 제정이 꼭 필요하다고 하면서 그 기운을 북돋았다(오쿠 보 도시아키[大久保利謙] 『메이지 헌법이 완성될 때까지』 지문당[至文

堂], 1956년).

　이렇게 해서 1881(메이지14)년에 헌법제정의 기본 방침은 이와쿠라의 「대강령」으로 집대성되었다. 여기에 첨부된 「강령」, 「의견」 1·2·3은 모두 이노우에가 초안을 작성한 것이었다. 「대강령」은 18항목으로, 메이지 헌법의 기초적인 구상이었다. 이노우에는 원로원의 「국헌안」과 오쿠보 시게노부의 배후에 있다고 본 후쿠자와 유키치 일파인 교준사계의 사의헌법안을 배제함으로써 이와쿠라―이토 진영을 강화하려고 했던 것이다. 10년 후에 국회를 개설할 것을 약속한 칙유에 이노우에의 의도가 관철되어 있었던 것은 앞에서도 이미 설명한 바 있다.

　이미 방침은 정해져 있었다. 그 방침에 따라 헌법제정을 준비하기 위해서 이토는 1882(메이지15)년 3월에 직접 독일로 건너가 비스마르크를 방문하여 인사를 나눴다. 저명한 공법학자인 구나이스트Gneist와 그의 수제자인 못세Mosse와도 접촉했다. 오스트리아에서는 명성 높은 공법학자인 스타인Stein의 강의도 들었다. 이토는 구나이스트, 스타인이라는 대학자들의 보수사상에서 자신의 견해와 동일한 점을 발견하고 자신감을 가졌다.

그는 1년 반에 걸친 유럽 체재 동안에 황실의 기초를 다지고 천황의 대권大權(국가 원수 등이 국가와 국민을 통치하는 헌법상의 권한-역주)을 확립하는 국가를 만들자는 결심을 한 후 귀국 길에 올랐다.

이토가 홍콩에 도착했을 때 59세인 이와쿠라의 사망 소식을 접했다. 헌법제정의 배턴baton은 이토에게로 완전히 넘어왔다.

이와쿠라가 헌법제정의 전제 조건으로 방대한 황실 재산을 설정하고 이것을 메이지 천황제의 기초로 삼으려고 한 것에 반해 이토는 종교가 미약한 일본에서 그것을 대신할 '중추'를 황실=천황에게서 찾으려고 했다. 이것을 실현하기 위해서 이토는 새로운 제도로 천황의 주변을 강화시켜 나갔다.

귀국한 이토는 1884(메이지17)년 3월에 궁중에 제도취조국制度取調局을 설치하고 그 장관이 되어 입헌제 도입을 위한 조사에 착수하는 동시에 궁내경宮內卿도 겸임하여 궁내성의 개혁을 꾀했다. 더불어서 화족령(1884년 7월)을 발포하고 내각제(1885년 12월), 추밀원樞密院(1888년 4월) 등을 연이어 신설했다. 중앙뿐만 아니라 시제·정촌제의 공포(1888년 4월, 부현제는 1890년 5월. 시행은 모두 이듬해. 170페이지표 참조) 등으로 지방제도의 정비도 추진해 나갔다.

이토는 내각제의 실시와 함께 제도취조국을 폐지하고 극비리에 메이지 헌법의 초안을 검토했다. 이것을 도운 것은 앞에서 언급한 이노우에 고와시였다. 이토 미요지伊藤巳代治(이토 히로부미와 함께 유럽으로 건너감)와 가네코 겐타로金子賢太郎도 참가했다. 그들은 초안이 민중에게 새어나가는 것을 매우 두려워해서 소슈(가나가와) 가나자와金沢의 나쓰시마夏島에 신축된 별장에서 헌법을 완성시키고자 서두르고 있었다.

일시적으로는 사그라든 것처럼 보였던 민권운동이 조약개정 문제와 얽혀서 1887(메이지20)년 전후에 대동단결운동으로 다시 고조되었던 것은 이미 앞에서 살펴보았다. 이토 등이 헌법초안이 새어나가는 것을 두려워한 것은 그것에 의해 사태가 어떻게 급변할지 알 수 없기 때문이었다. 실제로 민권파인 호시 도오루 일파가 훔친 헌법정보를 『세이테쓰유메모노가타리西哲夢物語』(1887년 10월)라는 제목으로 비합법적으로 인쇄·폭로하여 반정부운동을 자극한 사건도 있었다. 추밀원의 헌법안 심의도 1888(메이지21)년 6월부터 이듬해 2월에 걸쳐 극비리에 이루어졌다.

대일본제국헌법과 그 특징

1889(메이지22)년 2월 10일 기원절紀元節에 대일본제국 헌법(메이지 헌법)이 발포되었다. 사람들 가운데 어느 누구도 그 내용을 몰랐던 것은 제정되는 경위를 살펴보면 당연한 것이었다. 동시에 이 헌법의 제정 과정과 민중을 의도적으로 배제한 것이 이 헌법의 성격을 무엇보다도 명확하게 이야기하고 있다. 그만큼 많은 민권파의 헌법 초안이 제출되고 있었는데도 불구하고 메이지 헌법은 한 번도 이것에 주목하지 않았기 때문이다.

나카에 초민이 이 헌법에 대해서 '한 번 통독하고 단지 쓴웃음을 지을 뿐'이라고 하고, 헌법 발포 1주년에 즈음해서는 '나도 축하하고 있다. 그 시시한 헌법을'이라고 하면서 큰 소리로 웃었다는 이야기를 초민의 제자인 고토쿠 슈스이幸德秋水가 전하고 있다(마쓰나가 쇼조[松永昌三] 『나카에 초민 평전』 이와나미서점, 1993년). 이 쓴웃음과 웃음의 배후에 초민의 헌법에 대한 통렬한 비판이 감춰져 있다는 것은 굳이 설명할 필요도 없을 것이다.

그러나 많은 신문·잡지들은 이 헌법에 의해서 일본이 아시아에서 처음으로 입헌국가가 되었다는 점을 강조했다.

그럼 이 헌법의 내용 상의 특징은 무엇인가?

대일본제국헌법은 전문 76개조로 되어있다.

첫 번째 특징은 헌법 제1조의 '대일본제국은 만세일계의 천황이 통치한다.' 및 제3조의 '천황은 신성하여 침범할 수 없다'고 제시되어 있는 점이다. 천황에게 주권이 있으며 그 천황은 절대적이고 신성한 것으로 규정되어 있다.

그러나 동시에 원수이자 통치권의 총람자인 천황은 '이 헌법의 조규에 따라서 이것을 시행한다.'(제4조)라고 되어 있어 천황은 어디까지나 이 헌법규정에 따라서 통치한다는 것이다. 이것이 후에 천황기관설天皇機關說(천황은 법인[法시인 국가의 기관이고 통치권은 국사에 있나는 헌법 학설)이라는 해석을 낳는다.

메이지 헌법에서는 천황은 신인 동시에 군주이고 초헌법적인 존재인 동시에 헌법의 일개 기관이라는 것이다. 바꿔 말하면 이 헌법에 규정된 메이지 국가는 이원적 내지는 이중구조이다. 즉 신권적, 절대적인 천황이 헌법에 의해 통치하는 입헌국가인 것이다. 이 이원적 이중구조는 모순을 지니고 있으면서도 역점을 두는 곳의 비중을 바꾸고 밸런스를 교묘하게 변화시켜 그 후의 시대 조류에 대응해 갔다. 그러나 신민인 국민에게 천황은 신권적, 절대적인 존재로 다가와 그들을 짓눌렀다.

이원적인 이중구조와 관련지어 말하자면 천황의 기반에는 헌법으로 규정한 기관(이것도 전면적으로 규정된 것과 부분적으로 규정된 것이 있다) 외에 헌법에 전혀 규정되어 있지 않은 헌법 외의 기관(예를 들어 원로[元老], 군사참의원[軍事參議院], 참모본부, 해군군령부[海軍軍令部], 내대신[內大臣] 등)이 있고 원로는 그러한 헌법 외의 기관이면서 캐비넷 메이커Cabinet Maker로서 큰 역할을 담당했다. 참모본부·해군군령부로 말하자면 이 헌법이 필요로 한 구조상의 밸런스를 전혀 고려하지 않고 바로 뒤에 언급할 천황의 통수권을 방패로 삼아 전쟁으로 폭주하고 일본을 파멸로 이끌었다. 여기에서는 메이지 헌법의 가장 큰 구조적인 결함이 드러나는 것이다. 메이지 헌법은 위와 같은 구조를 가진 '불후의 대전大典'이었다.

두 번째는 이 헌법은 일단 삼권분립의 형식을 취하고 있지만 첫 번째에서 확인한 것처럼 궁극적으로는 천황이 모든 것을 한 손에 쥐고 통치하는 체제였다. 게다가 이 삼권은 각각 천황의 이름 하에서 제약을 받고 있었다. 제11조 '천황은 육해군을 통수한다.'는 통수권의 독립 때문에 군부는 내각에 대해서 독립적인 위치에 있었고, 뿐만 아니라 내각은 이 군부로부터 간섭을 받을 여지를 가지고 있었다. 또한 내각은 각 국무대신이 천황과 결부되는 동시에 천황에 대해서만 책임을 지게 되어 있었다. 그렇기 때문에 국민의 대표인 의회는 내각의 책임을 추궁할 수 없었다.

더구나 의회의 중의원은 제한된 일정한 남자 중에서 선출되었고 여자의 참정권은 논외였다. 황족·화족·칙선의원으로 된 귀족원에 대해서는 해산권이 없었고 더구나 중의원과 대등한 권한(실질적으로는 상위)을 유지하고 있었다. 그 외에 정부는 다양한 권한(특권)을 가지고 있어서 의회는 반신불수였다. 사법권도 '천황의 이름으로 법률에 의거해서 재판소가 이를 시행한다.'(제57조)라고 해서 천황의 절대적인 권위가 눈에 띄고, 또한 행정권에 종속되는 면이 많았다.

세 번째는 '신민'의 '권리의무'에 대한 문제이다. 헌법의 제2장은 '신민의 권리의무'로, 일단 인권규정은 있지만 그것은 어디까지나 천황에 대한 '신민'의 권리이고 복종의 의무일 뿐이었다. 인권규정에 해당하는 것도 신앙과 종교의 자유 이외에는 모두 '법률의 범위 내'라든지, '법률에서 정한 경우를 제외한 그 외'라는 조건이 붙어 있었다. 그렇기 때문에 얼마든지 법률로 제한할 수 있었다. 신앙과 종교의 자유라고 해도 '안녕 질서를 방해하지 않고 신민의 의무에 반하지 않는 것에 한해서'라는 것이다(제28조). 법률의 제한이 없는 신앙과 종교의 자유는 오히려 행정 명령으로 제한할 수 있다는 해석을 낳았다. 이러한 인권규정은 근대적인 기본적 인권사상과는 거리가 먼 것이었다. 남녀의 평등권에 대한 법 규정은 없고, '부합하는 경례'를 지킨 후의 청원권(제30조) 이외에 참정권에 관한 규정은 어디에도 없었다. 더구나 이 인권규정은 이른바 비상대권非常大權(제31조)[1] 앞에서는 아무런 힘도 없었다. '신민의 권리의무'라는 규정은 특히 인권에 관해서는 유사시에는 실질적인 효력을 가지지 못하는 형식적인 것이었다고 해야 할 것이다.

정치적 의도에 의한 헌법제정

　이것은 결과적으로라기보다도 오히려 입법과정에서

---

1) 대일본제국헌법에서 천황에게 인정된 대권. 전쟁이나 비상시에 국민의 권리와 의무에 관한 규정의 일부 또는 전부를 정지시킬 수 있는 권한

부터 의도적인 것이었다. 이토 히로부미의 두뇌역할을 한 이노우에 고와시는 민권파가 천부인권을 주장하고 자유권을 주장한 데 반해서 이것을 어떻게 억누를까에 대해서 고심했다. 이노우에도 헌법상으로는 상식적으로 국민의 권리와 자유를 보호해야 한다고 인식하고 있었다. 인식하고 있었기 때문에 어떻게 그것을 헌법으로 제한하고 정부에 유리하지만 보호하는 형태를 취할지에 부심했다.

오쿠보의 전게서『메이지 헌법이 완성될 때까지』에서는 이토는 '기본적인 인권을 부인하는 방침으로, 권리는 천황과 헌법의 일정한 제한 내에서 단지 은혜를 베푸는 식으로 위로부터 신민에게 부여한 것이라는 견해'를 가지고 있었다고 설명한다. 메이지 헌법을 제정할 때 천황이 '짐은 나의 국민의 권리 및 재산의 안전을 귀중하게 여겨 이를 보호하고, 헌법 및 법률의 범위 내에서 그것을 완전하게 향유할 수 있도록 선언한다.'고 한 것에는 지금까지 살펴본 것과 같은 의도가 담겨있는 것이다.

메이지 헌법은 왜 국회가 개설되는 전년도에 발포되었을까? 원래 국회를 개설하고 여기에서 국민의 뜻을 물으면서 헌법을 만드는 것이 정당하다. 그럼에도 불구하고 굳이 먼저 헌법을 만들고 그 이듬해에 국회를 개설한 정치적 의도를 파악한 후에 메이지 헌법을 바라보지 않으면 입헌제라는 형태 안에 담겨있는 의미를 제대로 파악할 수 없을 것이다.

분명히 메이지 헌법은 입헌주의라는 근대적 언어로 포장되어 있다. 아시아에서 입헌국가가 탄생한 것도 사실이다. 그러나 이 포장 속에 무엇이 있었는지를 살펴봐야 할 것이다. 다음에 살펴볼 교육칙어도 마찬가지이다.

2. 교육칙어란 무엇인가?

왜 교육칙어인가?

대일본제국헌법이라는 근대 천황제의 법적인 기틀이 마련되었다. 그 이듬해인 1890(메이지23)년에 교육칙어('교육에 관한 칙어')가 발표된 것은 어떤 이유 때문인가?

그 직접적인 계기는 그 해 2월에 열린 지방장관 회의였다. 회의를 소집한 것은 총리대신 겸 내무대신인 야마가타 아리토모였다. 야마가타의 내상 겸무는 그가 내정을 중시한다는 것을 표방한 것이었다.

지방장관들은 자유민권운동과 대동단결운동 등에 직접 관여하고 있었기 때문에 현 민심의 동향은 정부의 문교정책文敎政策에 문제가 있기 때문이라고 했다. 그들은 지방 학교의 아동들이 구미를 이상으로 삼아 동경하고, 교원들도 구미인과 비교해 보면 일본인은 열등한 국민으로 구미인에게는 머리를 들 수 없다는 식의 콤플렉스를 가진 풍조가 강하다는 것을 실감하고 있었다(우메타니 노보루[梅渓昇] 『교육칙어성립사』 청사출판[靑史出版], 2000년). 그렇기 때문에 지방장관회의에서 교육문제가 나오자 의견들이 쏟아져 나왔다.

'원로원에 우리나라를 공화정치로 하자는 등의 건백서를 낸 사람은 미친 사람이라고 해야 할 것이다. 이와 같은 인물이 나온 것은 문명에 심취해서 국가를 잊어버렸기 때문이다. 이제는 강경한 조치에 의해서 국가주의 덕육을 기초로 한 교육개혁을 실행해야 한다.'라는 의견과 '일본이 부족한 점을 외국으로부터 받아들이는 것은 좋지만 진정한 일본인으로서 부끄럽지 않은 사람을 육성해야 한다.'는 의견이 나와 덕육을 중심으로 한 논의가 활발하게 이루어졌다.

이렇게 회의는 당시의 문부대신인 에노모토 다케아키榎本武揚에게 교육의 기초를 확립할 것을 요구했다. 야마가타는 지방장관들이 문부대신에게 요구한 것을 단순히 교육문제로만 보지 않고 국민교화의 문제로 삼아 교육칙어의 문안 작성에 임하려고 했다. 지방제도의 정비를 추진하고 있었던 야마가타는 1882(메이지15)년에 군인에게 내린 군인칙유軍人勅諭를 염두에 두고 있었다. 교육 분야에서도 동일한 것이 필요하다고 생각했던 것이다. 그러나 문부대신인 에노모토는 과학에는 관심이 있었으나 사상과 도덕 등에는 별 관심이 없다고 봤기 때문에 야마가타의 뜻대로 움직이는 요시카와 아키마사芳川顯正를 문부대신 자리로 보냈다.

정부 부내(部內)의 두 가지 흐름과 내외에 대한 위기감

여기에서 1880년대의 정부 부내의 동향을 살펴보자. 여기에는 두 가지 흐름이 있다는 것을 알 수 있다. 하나는 모토다 나가자네元田永孚·니시무라 시게키 등으로 대표되는 유교주의에 의해 천황을 도덕의 근본으로 삼은 국교國敎를 내세워야 한다는 생각이다. 다른 하나는 이토 히로부미·이노우에 고와시 등의 입헌주의에 발을 디딘 흐름이다.

전자에 동의하는 모토다는 천황에게 교육을 하는 사람이기도 했기 때문에 1879(메이지12)년에는 「교학성지教學聖旨」(유신 후의 서구화를 비판한 「교학대지[敎學大旨]」와 구체적인 방법을 기술한 「소학조목이건[小學條目二件]」으로 구성되어 있다)를 작성하고 또한 천황의 칙명으로 「유학강요幼學綱要」를 편찬하여 1882(메이지15)년에 지방장관을 통해서 이 유학적인 교훈서를 반포했다. 그가 헌법초안에 대해서 자신의 방침을 언급한 「국헌대강國憲大綱」의 '국교는 인의예양충효정직仁義禮讓忠孝正直으로 체제를 만들어야 한다.'라는 부분에서는 모토다의 주장이 단적으로 드러난다. 로쿠메이칸鹿鳴館 시절(1880년대)에서 보이는 것처럼 서구화의 풍조는 모토다에게는 참을 수 없는 것이었다. 그러나 그 자신은 옛 '한학자와 같은 부류의 쓸모없는 유학자'와는 다르다는 자부심을 가지고 있었다.

후자, 즉 이토·이노우에 고와시 등은 모토다 등과는 의견을 달리했다. 정치와 도덕·종교와는 명확히 구별해야 한다고 생각했기 때문이다. 봉건적 유교주의에 대한 근대적 입헌주의의 입장인 것이다. 모토다의 「교학성지」에 대해서 이토는 이노우에가 문안을 작성한 「교육의敎育議」로 비판하고 이에 대해서 모토다가 「교육의부의敎育議附議」를 써서 반론한 것은 잘 알려져 있다.

그러나 이러한 대립의 흐름도 바뀌어서 국가의 '중추'인 천황에게로 민심을 통일시킬 필요성을 통감한 이토와 유교적인 국가주의를 취하는 모토다와의 거리는 점차 좁혀졌다. 최초의 내각인 이토 히로부미 내각의 초대 문부대신인 모리 아리노리森有礼가 이듬해인 1886(메이지19)년에 제국대학을 정점으로 한 피라미드 형태의 국가주의적 교육제도로 개혁을 단행한 것과 군대식 체조를 채용한 것 등은 그 하나의 상징이라고 봐도 좋을 것이다.

1880년대의 조선 문제를 지렛대로 삼아 메이지 정부가 군국주의로 향하기 시작했다는 것은 이미 앞에서 지적했다. 야마가타는 앞에서 언급한 지방장관 회의를 계기로 모토다와 이토·이노우에 등이 생각한 국민교화를 위한 체제 확립, 나아가 군사정책이라는 측면에서 국민사상의 통일을 꾀하고자 했다.

교육칙어의 의도와 특징

1890(메이지23)년 10월 30일에 교육칙어가 발포되고 그 다음날 문부대신 이름으로 전국의 학교·교직원에게 '천자의 취지를 잘 관철시켜야 한다.'라는 훈령이 발포되었다. 대신의 부서副署[2]가 없는 이 칙어는 모든 법령을 뛰어넘는 절대적인 성격을 가졌다.

'짐이 생각하기에 나의 황조황종皇祖皇宗(아마테라스오미카미[天照大御神]와 역대 천황)이 나라를 연 것은 광원廣遠하고, 덕을 세운 것은 심후深厚하다.'라고 시작되는 교육칙어는 '우리 신민이 지극한 충과 효로 만인의 마음을 하나로 하여 대대로 그 아름다움을 이룬 것은 우리 국체國體의 훌륭한 점으로, 교육의 심원한 근원 또한 실로 여기에 있다.'라고 이어진다. 천황의 선조에 의한 개국의 역사와 천황과 신민일체의 '국체'의 진가가 '충효'를 핵심으로 하고 있다는 점을 강조한 것이다. 이 '국체'에 교육의 근원이 있다고 자화자찬을 하는 것이 제1단락이다.

제2단락은 다음과 같은 문장으로 되어있다.

---

2) 메이지 헌법을 기반으로 천황의 문서 행위에 대해서 그것을 보필하는 인물이 서명하는 것

— 그대 신민들은 부모에게 효도하고, 형제와 우애 있게 지내며, 부부 간에 서로 화목하고, 붕우 간에 서로 신의하며, 스스로는 공손하고 겸손하며, 박애가 여러 사람에게 미치고, 학문을 닦고 기술을 익혀 그로써 지능을 계발하고, 덕과 재능을 성취하며, 나아가 공익을 넓혀 세상의 의무를 다하고, 항상 국헌을 중시하고 국법에 따르며 일단 유사시에는 의용義勇으로 봉공奉公하여 그로써 천양무궁天壤無窮한 황운皇運을 보조해야 한다. 이와 같이 된다면 짐의 충량한 신민일 뿐만 아니라, 그대들도 선조의 유풍遺風을 충분히 현창顯彰할 수 있을 것이다.

여기에는 유교적인 색채를 띠면서도 보편적인 덕목이 나열되어 있고 나아가 자기형성 과정에서의 사회적인 규범이 기술되어 있다. 그리고 입헌주의를 바탕으로 한 국헌의 준수가 요구되고 있다. 그와 동시에 일단 전쟁이 일어나면 몸을 내던져서 영원한 천황제 국가에 희생할 것을 요구한다. 이것은 천황제 국가의 '신민'으로서의 의무이고 그것을 다하는 것으로 선조 한 사람 한 사람도 현창된다는 것이다. 즉 여기에서는 국가='공'이

최우선시 되고 개인='사'는 뒷전으로 밀려나 있다.

제3단락은 '이러한 도는 실로 우리 황조황종의 유훈遺
訓으로 자손과 신민이 함께 준수해야 할 것, 이것을 고
금을 통하여 그르치지 않고 이것을 내외에 베풀고 도
리에 어긋나지 않게 하며 짐은 그대 신민들과 함께 잊
지 않고 지켜서 모두 그 덕을 하나로 만들기를 바라는
바이다.'라고 기술되어 있다. 제1·2단락에서 말한 것은
고금·내외에서 통하는 것으로 천황과 '신민' 모두 이것
을 지켜서 덕을 일체화하고 싶다는 것이다. 그리고 '메
이지23(1890)년 10월 30일/어명어새御名御璽(천황의 이름과
인)'로 마무리되고 있다.

이 교육칙어는 이노우에 고와시와 모토다 나가자네
(모두 구마모토현 출신)의 합작에 의해서 만들어졌기 때문
에 봉건적 유교주의와 근대적인 입헌주의가 유착되어
있고 야마가타의 군국주의도 포함되어 있다. 그리고 이
세 가지 사상의 핵심에 천황이 자리하고 있는 것이다.

보편적 덕목과 이데올로기의 중첩

여기에서 주목하고 싶은 것은 제1단락의 '지극한 충

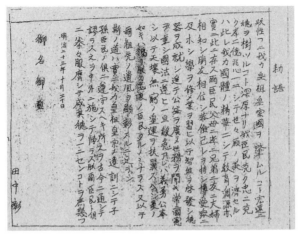

저자(다나카)가 1938(쇼와13)년 소학교 5학년 때 「교육칙어」 전문을 외워서 필기시험을 볼 때 쓴 답안지

과 효'는 '충'과 '효'를 세트로 한 것으로 이것이 천황제 국가 이데올로기의 중추가 되고 있다는 점이다.

그러나 제2단락에는 '부모에게 효도하고'라고 되어있어 효가 다른 보편적 덕목과 함께 나란히 병렬되어 있다. 여기에서 말하는 효는 부모를 소중히 여긴다는 인간의 감정의 발로로서의 효이다. 다른 일반적인 덕목과 함께 있어도 전혀 부자연스럽지 않다. 이것은 이데올로기로서의 '충효'와는 레벨이 다르다. 이 인간 감정으로서의 효가 이데올로기로서의 '효'와 중첩되어 자연스러운 심정으로서의 효가 이데올로기로서의 '효'라는 채널에 무의식적으로 포섭된다.

이데올로기로서의 '충'에 대해서도 동일한 점을 지적할 수 있다. 교육칙어에서의 '충'은 '일단 유사시에는 의용으로 봉공하여'와 연동된다. 일단 전쟁이 일어나면 목숨을 다 바쳐 싸우고 국가(천황)를 위해서 희생한다고 하여, '충'은 그 표상인 것이다.

일본어에서는 국가도 '구니國(クニ)'이다. 고향도 '구니國(クニ)'이다. 여기에는 태어나서 지금까지 자신을 키우고 지켜준 산과 강과 바다, 부모와 형제자매도 있다. 이 고향은 누구나 사랑한다. 이 애향심이 동일한 '구니'인 국가와 중첩되는 것이다. 고향인 '구니'를 사랑하는 마음이 '구니'로서의 국가에 대한 충성과 일체화되는 것이다.

이와 같이 인간으로서 자연스럽게 우러나오는 감정이 어느 새인가 천황제 이데올로기로서의 '충효'라는 채널로 유입되어 학교 교육 안에서 아동·생도에게 주입되었다. 어떻게 주입되었는가에 대한 증거로서 필자가 소학교小學校 5학년(1938[쇼와13]년) 때 전문을 암송해서 쓴 한 장의 답안지를 제시하겠다(앞 페이지 사진).

앞의 인용에서 살펴본 어려운 한자어가 섞인 칙어의

문장을 전혀 보지 않고도 정확히 전문을 작성했다. 아니, 좀 더 정확하게 말하자면 한 글자만 틀렸다. 첫 부분의 '짐이 생각하기에朕惟フニ'가 '짐이 생각하기에朕性フニ'라고 되어있다. 지금도 교육칙어를 암기할 수 있는 것은 철저한 천황제 교육의 결과라고 할 수 있다.

국민도덕의 규범으로

이 교육칙어가 나온 지 4일 후인 11월 3일(천장절)에 모토다는 총리인 야마가타 앞으로 편지를 보냈다. '이 '불후의 헌법'은 시대에 따라서는 수정해야 할지도 모르지만 만세에 걸쳐 그 큰 뜻은 한 글자도 바꿔서는 안 된다.'는 것이었다. 여기에는 칙어가 나온 기쁨과 그것을 만든 자신감이 넘쳐있다. 그럼에도 불구하고 야마가타는 교육칙어가 기독교와 충돌하지는 않을지 불안함을 감출 수 없었다. 정치학자이자 제국대학 총장인 가토 히로유키에게 정말로 훌륭한 것이 나왔다는 편지를 받고서야 겨우 안도하고 다른 사람에게 말할 수 있었다고 한다.

이 야마가타의 걱정은 기우가 아니었다. 우치무라 간

조内村鑑三의 이른바 불경사건不敬事件이 일어난 것이다. 1891(메이지24)년 1월에 제1고등중학교의 교육칙어 봉독식에서 기독교 신자인 우치무라 간조는 출석한 교원·생도가 순서대로 경례를 했는데 그 혼자만 인사를 하지 않았다(사실은 고개를 까딱 했을 뿐이었다). 우치무라가 미국인 친구 벨에게 보낸 편지(1891년 3월 6일자)에는 이 사건을 둘러싸고 여러 명의 난폭한 생도와 교수들이 '국가원수를 모욕하고 학교의 신성함을 더럽혔다. 우치무라 간조와 같은 악한·국가의 적이 학교에 있을 정도면 학교 그 자체를 파괴하는 편이 낫다'고 하고, 신문도 호의적이지 않았다고 적고 있다(『우치무라 간조전집』36, 이와나미서점, 1983년).

이 불경사건을 시작으로 철학자 이노우에 데쓰지로井上哲次郎는 '교육과 종교의 충돌'이라는 논문에서 기독교는 교육칙어의 취지에 반하고 일본 국체에 반한다고 공격했다.

교육칙어의 침투는 처음에는 쉽지 않았다. 1900(메이지33)년에 열린 제10회 제국의회에서도 국민에게 보급되지 않는 것이 문제가 되었고 이듬해에는 '여러 종류의 신문과 잡지에 칙어의 철회설이 실렸는데 어떠한

가?'라고 의원이 정부를 향해서 추궁했다.

그러나 이 교육칙어는 '고신에이御眞影'(천황·황후의 초상 사진)와 함께 전국 학교에 배포되어 1900년도 중반 이후 (메이지30년대 후반)부터 점차 침투하기 시작하여 학교에서의 철저한 교육을 통해 민중에게 보급되고 국민도덕의 규범이 되었다. 이것은 일본의 제국주의화, 즉 전쟁으로 향하는 길과 맞물려 있던 것이다.

3. 메이지 헌법체제의 확립

헌법체제와 청일전쟁

대일본제국헌법의 법체계와 교육칙어라는 이데올로기의 중심축에 의해서 메이지 헌법체제의 기틀이 완성되었다.

그러나 기틀이 완성되었다고 해서 국가체제가 확립된 것은 아니다. 헌법이 사람들에게 법체계의 근간으로 받아들여지고 교육칙어가 한 사람 한 사람의 마음으로 침투되기까지는 이미 언급했듯이 여전히 시간이 필요했다.

1882(메이지15)년생, 군마현 출신의 풍자 작가로 1930년대 이후의 전시 하에서도 반골정신을 드러낸 우부카타 도시로生方敏郎는 그의 저서『메이지 다이쇼 견문기』(춘추사[春秋社], 1926년)에서 다음과 같이 이야기하고 있다.

'나의 어린애 같은 마음에 비친 것을 들여다보면 헌법 발포가 그렇게까지 지방민의 마음에 혁신적인 자극을 주지는 않았다. 모두 예상에 반한 것이라는 기분이 들었던 것 같다. 근본적으로 지방민의 마음을 움직이고 메이지 신정부에 복종하여 중앙정부를 신뢰하게 한 것은 청일전쟁이었다고 생각된다.'

그는 '충군애국'이라는 표어를 학교에서 외치게 된 시초는 1891~1892(메이지24~25)년 무렵으로, 이것이 가정으로 침투하여 마을 누구에게나 영향을 미친 것은 '청일전쟁 중으로, 전쟁이 사람들의 중추에까지' 박혔다고도 서술했다.

1890(메이지23)년 11월에 제1회 제국의회가 열렸다. 이

후 제6회 제국의회까지 정부는 압도적인 우세를 보인 민당(입헌자유당[자유당]·입헌개진당)에 밀려 체제의 기반을 굳히지 못했다. 삿초번벌정부가 '초연하게 정당의 외부에 선' 이른바 초연주의를 취한 것은 이 때문이었다. 정당세력을 무시하는 것 외에는 방법이 없었기 때문이다. 초기 의회에서 막 완성된 메이지 헌법체제는 발밑부터 흔들리고 있었다고 해야 할 것이다.

야마가타는 1893(메이지26)년 10월의 「군비의견서軍備意見書」에서 아시아의 형세를 전망하고 '동양의 재앙의 조짐은 이후 10년을 넘지 않아서 파열할 것이라고 가정하여 미리 이에 대응할 수 있는 준비를 하는 것이 국가 100년을 위한 가장 좋은 방책이 아니겠는가!'라고 언급했다. 그리고 이후 8, 9년 동안 병력을 충분히 정비하여 일단 무슨 일이 일어나도 그 피해를 입지 않도록 할 뿐만 아니라 '편승할 기회가 있으면 자진해서 이익을 얻을 준비를 해야 한다. 이것이야 말로 실로 국가의 존망과 관계되는 일이다.'라고 단언했다.

여기에는 영국과 프랑스, 러시아를 비롯한 유럽 열강들이 아시아를 침략하고 있는 정세에 대한 위기감과 그 위기에 대한 대처 방안이, 반대로 아시아 인접국에 대한 노골적인 침략의도로 뻔뻔하게 드러나고 있는 것이다.

제1회 제국의회에 임한 수상 야마가타는 이미 1890(메이지23)년 12월 5일의 시정방침연설에서 주권선(국경선)을 수호하는 것과 이익선(주권선의 안위와 밀착되는 지역)을 보호하는 것이야말로 '국가의 독립과 자주 방위의 길'이라고 말했다. 이익선의 초점이 조선인 것도 분명하게 지적했다.

이 조선에서는 1894(메이지27)년 5월에 지방 관료의 부정을 시작으로 갑오농민전쟁이 일어났다. 이것을 계기로 청일 양국이 출병하여 이해가 충돌하자 청일전쟁이 일어났다. 야마가타가 말하는 '편승할 기회'는 의외로 빨리 찾아온 것이다.

청일전쟁 개시 직후인 제7회 제국의회에서 정부와 민당은 손을 잡았다. 중의원 의원이 된 니시카타 다메조西潟爲蔵의 말을 빌리자면 이 의회는 '이른바 일치로 시작해서 일치로 끝났다. 진정 아름다운 일이다.'라는 것이다. 자유민권운동은 '제2의 유신'을 지향했지만 청일전쟁을 계기로 방향을 잃었다. 민우사民友社(1887[메이지20]년 설립)를 중심으로 평민주의의 입장에서 정부 비판을 지속했던 도쿠토미 소호德富蘇峰(이이치로[猪一郎])는 청일전쟁이야말로 유신 정신의 실현이라고 주장하기 시작했다. '국민적 팽창'은 '다른 나라의 침략'이 아니라 일본국민이 세계로 '웅비'하는 것으로, 일본이 세계에 '대의를 심는' 것이라고 하여, 근대 천황제의 대륙 침략을 합리화하는 방향으로 바뀌었다. 아니, 이것은 소호뿐만 아니라 사상계의 방향 전환이기도 했다. 사상의 자유를 찾아서 그것을 축으로 메이지 유신을 파악하고 일시적으로 민권운동에도 참가했던 기타무라 도코쿠北村透谷는 일본의 근대화를 인간성의 해방으로 삼으려고 했으나 이러한 상황 속에서 청일전쟁 직전인 1894(메이지27)년 5월에 비극적인 자살을 했다.

소국주의의 복류 현상

우에키 에모리는 중의원 의원이 되었는데 일찍이 가지고 있었던 민권운동의 투사로서의 광채는 사라져 버렸다. 1892(메이지25)년에 그는 36세로 사망했다. 앞에서 살펴본 도코쿠는 1893(메이지26)년 9월에 '초민거사居士(재야에 있는 학식이 있는 남성-역주) 어디에 있는가?'라고 했다. 이 문장 안에서 도코쿠는 '세상이 초민거사를 버렸는가? 초민거사가 세상을 버렸는가?'라고 말했다. 초민은 이미 1891(메이지24)년 2월에 '무혈충(냉혈한 사람을 비난하는 말투-역주)의 진열장'이라는 말로 의회에 대한 절망감을 표시하고 중의원 의원을 그만둔 후 이듬해부터 홋카이도·도쿄·오사카·교토 등을 전전하며 사업(사실은 '허업[虛業]'이라고 아스카이 씨는 말한다)을 시작했다. 단 그가 암이라는 사망선고를 받은 후에 쓴 『1년 반』(1901년) 안에서 '민권은 지당한 도리이다. 자유평등은 대의이다.'라고 한 것은 명기해 두고자 한다.

다시 정리해 보자. 청일전쟁과 그 승리는 메이지 헌법체제의 확립을 가능하게 했다. 이것은 근대 일본의 전기였다. 메이지 정부는 청나라에 대한 군사력의 발동으로 내셔널리즘을 고양시켜 민심을 국가체제의 채널 안으로 포섭했다. 이것을 계기로 야마가타가 말하는 '국가 100년의 방책'을 실현하기 위한 첫 발을 내디딘 것이다. 그 10년 후에는 러일전쟁이 일어났다. 이것은 일본의 대국주의, 군국주의의 길이었다. 일찍이 이토 히로부미가 샌프란시스코에서 한 스피치에서 '라이징 선'이라고 가슴을 펴고 말한 '히노마루'는 언제나 이

길을 걷는 일본의 선두에서 게양되었다. 민권운동에서 탄생한 인권과 평화를 주장한 소국주의로 가는 길은 위로부터의 내셔널한 힘에 의해 짓눌렸다. 우에키와 초민은 이미 죽었다. 그러나 소국주의로 가는 길이 소멸된 것은 아니었다. 소국주의는 '미연의 가능성'으로 복류가 되어 지하로 흘러들어가 인내의 시대로 접어들었던 것이다.

에필로그

대국주의인가? 소국주의인가?

개국을 계기로 시작된 막부말기의 정치운동에 의해 막부는 무너지고 유신정부가 실현되었습니다. 그 중심에는 막부에 대항해서 추대된 천황이 있었습니다. 이 천황을 중심으로 한 근대 국가의 기틀은 도쿠가와 막부 측의 '대군'제 국가 구상을 부정한 유신정부가 메이지 국가를 형성하기 위해 마련한 대전제였던 것입니다.

이 근대 천황제 국가를 19세기 1870년대의 세계 내지는 아시아의 국제 정세 하에서 어떤 내실을 가진 국가로 만들 것인가 그것이 유신 리더들의 국가적 과제였습니다.

그것을 위해서 우대신인 이와쿠라 도모미를 특명전권대사로 한 이와쿠라 사절단이 구미로 파견되었습니다. 그들은 구미 각국에게 근대 일본의 모델이 될 선택지를 요구했습니다. 이와 같은 근대화로 향하는 국가 프로젝트를 담당한 대사절단이 구미 22개국을 약 1년

10개월에 걸쳐서 시찰하고 연구·관찰한 것은 세계에서 유래가 없는 일입니다. 일행 앞에는 대국도 있고 소국도 있었습니다. 공화제도 있는가 하면 군주제도 있었습니다. 민주 국가도 있는가 하면 전제·독재 국가도 있었습니다. 총괄적이고 단순화해서 말하자면 일행은 대국과 소국의 각각의 형태를 발견한 것입니다. 그러나 사절단의 보고서인 『미구회람실기』에서는 그 어느 국가의 모습을 고를지에 대해서는 결론을 내고 있지 않습니다. 그렇지만 메이지 정부는 점차 대국으로 기울기 시작했고 그것을 비판하는 자유민권운동은 소국을 지향했습니다.

대국으로 향하는 정치노선은 오쿠보 도시미치 암살 후인 1881년(메이지14)년의 정변으로 이와쿠라·이토가 정부의 주도권을 쥐었을 때 결정되었습니다. 오쿠보가 지향한 영국형 국가로 가는 길은 이와쿠라·이토에 의해 프러시아형으로 바뀌었던 것입니다. 정부의 이 프러시아형·대국주의의 '부국강병' 노선이 가진 모순을 지적한 민권운동은 소국주의 노선을 대치시켜 비판했습니다.

그렇기 때문에 민권파의 소국주의 노선은 연이어 탄압을 받았고 정부의 대국주의 노선은 청일전쟁을 회전

축으로 한 메이지 헌법체제의 확립에 의해서 정착되었습니다. 이 대국주의=메이지 헌법체제 확립의 프로세스에는 몇 개인가 단계가 있었습니다.

조선 문제와 자유민권운동의 문제

그 중 하나는 조선 문제입니다.

우선 이와쿠라 사절단의 귀국 직후에 일어난 이른바 정한론을 들 수 있습니다. 일본의 국가 통일 문제와 조선의 문제는 '입술과 치아'의 관계라고 말한 것처럼 조선의 제패와 일체화하여 의식하고 있었습니다. 정한론은 '제한制韓'이었던 것입니다. 그것의 연장으로 일어난 강화도 사건부터 임오군란·갑신정변으로 이어지는 메이지 정부의 자세는 일관적이었습니다. 조선 문제는 일본이 이 군국주의·대국주의로 향하는 지렛대 역할을 했던 것입니다. 그리고 귀결되는 곳에 청일전쟁이 있었습니다. 이 전쟁에서 이긴 것이 메이지 헌법체제의 확립을 가능하게 했습니다. 메이지 헌법체제는 전쟁에 의해 확립된 것입니다.

한 가지 더 지적할 것은 자유민권운동에 관한 문제입

니다. 민권운동이 정한론의 분열=1873(메이지6)년 10월의 정변을 계기로 일어나서 그 기반과 전선을 넓혀 인민의 자주·자유와 민권을 주장한 것은 본문에서 살펴본 대로입니다. 구미회람을 거친 정부 수뇌부는 이 점을 알고 있었기 때문에 일본에서의 인민의 자주·자유 내지는 민권이 성숙(게다가 그것은 정부비판으로 향하고 있었습니다)되기를 기다리고 있다가는 상황은 한층 더 정부에게 나빠질 뿐만 아니라 만국과 대치하는 시점이 늦어질 것이라고 판단했습니다. 그렇기 때문에 위로부터의 국가체제를 창출하기 위해서 선봉에 서서 움직이려고 한 것입니다. 민권운동은 한층 더 정부비판을 강화하고 짙은 대결의 색채를 띠었습니다. 1881년 정변으로 발포된 칙유는 이러한 민권진영에 대한 정부의 선전포고라고도 할 수 있습니다. 그리고 입헌국가로서 헌법을 제정하기 위해서는 의회가 필요하다는 것을 알면서도 정부는 우선 흠정헌법을 발포하고 그 후에 의회를 개설했습니다. 그러나 이 초기의회는 다수파를 차지하는 민당에 의해 흔들렸습니다. 청일전쟁이 그로부터 정부를 구한 것입니다. 그렇기 때문에 거꾸로 말하면 청일전쟁에서 일본이 졌다면 메이지 헌법체제=근대 천황제 국가는 확립되지 않았을지도 모릅니다.

복류 현상과 소국가주의의 결실

　군국주의로 향하는 협소한 대국주의에 의해 억압을 받은 민권진영이 반군국주의, 평화이념을 가진 소국주의를 주장한 것은 체제가 확립되어 가는 가운데 '미연의 가능성'으로 복류가 되어 지하로 흘러들어갔습니다. 그리고 시대가 흘러감에 따라서 기독교와 사회주의사상의 비전非戰과 반전, 혹은 평화주의 논조를 통해서, 때때로 땅 위로 흘러나왔습니다. 다이쇼 데모크러시 시기에 주장한 미우라 데쓰타로三浦銕太郎와 이시바시 단잔石橋湛山 등의 '소국주의'는 복류의 수맥에서 분출된 소국주의의 하나의 표상이라고 해야 할 것입니다. 그러나 이것도 대국주의·군국주의에 밀려서 아시아 태평양 전쟁으로 돌진하는 가운데 또 다시 지하로 스며들었습니다.

　결국 일본은 1945(쇼와20)년 8월 15일에 패전을 맞이했습니다. 그 해 12월에 발표된, 일찍이 민권파의 소국주의의 계보를 잇는 민간의 헌법연구회에서 만든 헌법초안(「헌법초안요강[憲法草案要綱]」)을 GHQ(연합국 최고 사령관 총사령부)가 주목하여 이것을 번역했습니다. 이것이 맥아더의 초안에 담겨 제국의회를 거쳐 일본국헌법이 되었습니다. 역사적인 수맥으로 '미연의 가능성'을 가지고 있었던 소국주의는 이때 비로소 결실을 맺었습니다(초출『소국주의』이와나미신서, 1999년 참조).

이와 같은 점에서 메이지 유신에 의한 대국주의가 맺은 결실은 메이지 헌법체제의 확립으로, 결국 메이지 국가를 완성시켰습니다. 그러나 이것은 8·15의 패전으로 파괴되었다고 해야 할 것입니다. 이에 반해서 '미연의 가능성'으로서의 소국주의는 역사의 수맥으로 지하로 스며들면서 때로는 고개를 쳐들었다가 다시 아래로 스며들었습니다. 그러나 패전에 의해 일본국헌법에 포함되어 비로소 체제를 이루게 된 것입니다. 그러한 의미에서 메이지 유신의 최종적인 결착은 8·15이고, 대국주의는 무너졌으며 계속 지하에 있었던 소국주의는 새로운 일본국헌법의 체제로 결실을 맺었다고 할 수 있습니다.

그 동안에 메이지 유신론은 메이지시대에는 '제2유신'으로, 다이쇼시대에는 '다이쇼 유신'으로, 쇼와시대에는 '쇼와 유신'으로, 각 시대의 당대론으로 논의되어 왔습니다. 메이지 유신론이 당대론이었던만큼 각 시대의 사조를 반영하고 있었던 것입니다.

이와 같이 메이지 유신은 일본 내에서 계속 논의되어 왔습니다만 이것은 또한 아시아에서의 메이지 유신이기도 했습니다.

아시아에서의 메이지 유신

19세기 1870년대에 시작된 중국의 양무운동은 이홍장·중국번曾國藩이 중심이 되어 '외국인의 기술을 모방하여 외국인을 제압한다.'는 것을 목표로 삼았습니다. 서양의 기계문명을 도입하여 근대화를 추진하려고 했지만 결국 실패로 끝났습니다. 청일전쟁에서 중국이 패배한 것이 그 결정적인 계기였습니다. 일본의 메이지 유신에 의한 근대화가 중국의 양무운동에 승리한 것이라고 비춰졌습니다. 그렇기 때문에 청일전쟁 후 청조말의 개량파, 즉 강유위康有爲와 양계초梁啓超 등은 '변법자강'(법을 바꿔서 스스로를 강하게 한다)을 주장했습니다. 양무운동이 서양의 과학기술만을 중시하고 부분적으로는 변혁도 꾀했던 것에 비해 이 무술戊戌변법운동은 제도의 근본적인 개혁을 주장한 것입니다. 이들은 메이지 유신을 모델로 삼아 정치·경제·사회, 나아가 교육·문화 등에서 전면적인 변혁을 감행하여 청일전쟁 후에 군주 입헌정체의 수립을 목표로 삼았습니다. 메이지 유신은 중국의 근대화 과정에서 지배계급의 하나의 지표가 되었습니다. 그러나 1898(광서[光緒]24·메이지31)년에 일어난 무술정변으로 인해 실패로 돌아갔습니다.

한편 프랑스 식민지였던 베트남에서는 메이지 유신을 19세기말부터 시작된 항불·독립운동의 목표로 삼았습니다. 리더였던 황보이차우潘佩珠를 중심으로 한 운동추진결사는 유신회維新會라고 불렸습니다. 1905(메이지38)년에 일본으로 온 그는 메이지 유신에 대해서 강한 관심을 가지고 있었던 양계초를 방문해서 베트남 청년을 일본으로 유학시키는 동유운동東遊運動을 추진했습니다. 청년들은 조국 독립의 모델로 메이지 유신 이후의 일본을 선택하고 배우려고 했던 것입니다.

그러나 일본은 이 운동에 손을 빌려주기는커녕 프랑스와 손을 잡고 탄압하여 황보이차우와 유학생들을 일본에서 추방했습니다. 일본은 메이지 유신을 통해서 자국의 독립과 자유를 꿈꿨던 베트남 사람들을 무참하게 짓밟고 오로지 서구열강과 어깨를 나란히 하는 것에만 부심했던 것입니다(황보이차우 저, 나가오카 신지로[長岡新次郎]·가와모토 구니에[川本邦衛] 편『베트남 망국사 외』동양문고, 헤이본샤[平凡社], 1966년 참조).

메이지 유신은 근대 일본의 기점으로서 일대변혁이었습니다. 세계의 후발국으로서 근대화를 추진하고 변혁(혁명)하려고 하는, 아시아에서의 형태라고 봐도 좋을 것입니다. 이원적인 이중구조를 가진 헌법이기는 하지만 이것은 아시아에서 근대적인 입헌국가가 성립된 것을 의미했습니다. 그렇기 때문에 아시아 국가들의 독립과 근대화의 목표가 되기도 한 것입니다.

그러나 이러한 일본이 아시아 국가들의 근대화에 대해서 어떻게 했는지는 베트남에 대한 일본의 대응방식에서도 어느 정도 추측할 수 있습니다. 인접국인 조선과 중국, 나아가 세계에 대해서 일본이 어떠한 태도로 임했는지는 이 시리즈의 다음 권인『대일본제국의 시대』를 참조하시기 바랍니다.

마지막으로 메이지 유신이란 무엇이었는지에 대해서 다시 살펴보도록 하겠습니다.

이것은 첫 번째로 19세기 후반의 독일과 이탈리아의 근대적 국가통일과 거의 시기를 같이 하여 세계사의 조류 속에서 일본이 아시아에서 근대적인 입헌국가가 되었다는 것입니다.

두 번째로는 일본이 근대 국가로서 어떤 방향을 지향해 갔는가하는 것으로, 메이지 정부와 자유민권운동은 심하게 대립하고 격렬하게 싸웠습니다. 전자가 '부국강병'이라는 슬로건 아래에서 오로지 국가권력의 강화를 추진하려고 했다면 후자는 그 슬로건의 모순을 지적하고 '자유'와 '민권'을 들어 인민의 기본적인 인권과 군비의 축소, 내지는 폐지 등을 주장했습니다. 이 대립을 본 저서에서는 대국주의인가, 소국주의인가라는 형태로 서술해 왔습니다. 결과적으로 메이지 정부는 소국으로부터 대국으로의 길, 즉 아시아에서의 프러시아와 같은 길을 선택했습니다. 이 대국주의 노선의 탄압정책에 의해서 자유민권운동이 주장한 소국주의는 복류가 되어 지하로 스며들지 않을 수 없었습니다.

세 번째 특징은 이 정부의 체제 구축이 일단 국가로서 통일된 폐번치현으로부터 불과 20여년 사이에 이루어진 것이라는 점입니다. 이와 같이 조급하게 위로부터의 근대화를 강행함으로써 일본은 다양한 모순을 내포하게 되었습니다. 그리고 근대적 요소(측면)와 봉건적 요소(측면)를 유착시켰습니다. 이 유착 구조의 각각의 측면을 강조하는 주장이 메이지 유신이 부르주아 혁명이냐, 절대주의적 변혁이냐라는 유신 변혁의 성격규정을 둘러싼 긴 논쟁(31페이지 참조)을 불러일으키게 되는 것입니다.

그러나 이러한 모순을 유착시킨 복합적인 변혁(혁명)으로서의 메이지 유신의 모습이야말로 저에게는 후발국이 가진 근대화의 변혁(혁명)의 특징처럼 여겨지는 것입니다.

역자 후기

　2018년은 메이지 유신 150주년이 되는 해였다. 일본 정부를 중심으로 이것을 기념하는 행사가 개최되었다. 그러한 행사를 통해서 일본인들은 메이지 유신을 '열강의 식민지가 될 뻔한 위기에서 독립을 지키고 근대화를 성취한 빛나는 역사'로 기억하려고 했다. 그러나 메이지 정부의 체제 구축이 폐번치현으로부터 불과 20년 사이에 이루어졌다는 점을 감안하면 이러한 급격한 변혁이 반드시 초래할 수밖에 없는 모순이 있었다는 점을 간과해서는 안 될 것이다. 이와쿠라 사절단의 구미 회람을 통해서 유신의 주도자들은 서양의 다양한 국가체제를 몸소 확인했음에도 불구하고 프러시아형 대국주의를 지향했다. 그로 인해 국민 주도의 자유민권운동은 억압당했고 주변국은 일본의 국가체제 성립을 위한 지렛대에 불과하다고 여겨졌다. 그 대표적인 것이 정한론으로, 메이지 유신은 조선의 제패라는 사상과 일체가 되어 이루어졌다. 이와 같이 반전, 평화를 주장했던 국민의 자유민권운동을 억압한 채로 추진된 메이지 유신은 일본을 아시아 최초의 입헌국가로 만들었지만, 이후 일본이 군국주의로 향하는 발판이 되었다. 그 후에 전개된 조선의 굴곡진 역사에 대해서는 역자가 여기에서 새삼스럽게 언급하지 않아도 될 것이다.

본서『메이지 유신』은 메이지 유신이 가지는 명(明)과 암(暗)의 성격을 다양한 사건과 사료를 통해서 분석한 것이다. 메이지 유신을 일본의 빛나는 역사로만 기억하려고 하는 현재 일본 정부의 시각은 동아시아를 일본 근대국가 성립을 위한 지렛대로 여겼던 150년 전의 메이지 유신 주도자들의 인식과 조금도 다르지 않다는 것을 드러낸다. 역자는 본서를 통해서 현재의 한일관계를 고려해볼 때 과거의 역사를 올바르게 바라보는 것이 얼마나 중요한가를 새삼 깨닫게 되었다.

옮긴이 김정희

참고문헌

본서는 저자의 다음과 같은 저서들을 바탕으로 하면서 새로운 연구를 첨부하여 작성한 것이다.

- 『막부 말 조슈(幕末の長州)』(주코신서, 1965년), 『체계일본역사5 메이지국가(体系 日本歷史 5 明治国家)』(일본평론사, 1967년), 『미완의 메이지 유신(未完の明治維新)』 (삼성당선서, 증보판, 1974년), 『일본의 역사24 메이지 유신(日本の歷史24 明治維 新)』(소학관, 1976년), 『근대천황제로 가는 도정(近代天皇制への道程)』(요시카와코분 칸, 1977년), 『메이지 유신의 패자와 승자(明治維新の敗者と勝者)』(NHK북스, 1980 년), 『메이지 유신관의 연구(明治維新観の研究)』(홋카이도대학 도서간행회, 1987년), 『일본의 역사15 개국과 도막(日本の歷史15 開国と倒幕)』(슈에이샤, 1992년), 『메 이지 유신과 천황제(明治維新と天皇制)』(요시카와코분칸, 1992년), 『이와쿠라사절 단 「미구회람실기」(岩倉使節団「米欧回覧実記」)』(이와나미 동시대라이브러리, 1994년), 『막부 말 유신사의 연구(幕末維新史の研究)』(요시카와코분칸, 1996년), 『홋카이도 개척과 이민(北海道開拓と移民)』(공저, 요시카와코분칸, 1996년), 『소국주의(小国主 義)』(이와나미신서, 1999년) 등.

참고문헌 중 일부는 본문 속에서 언급하고 있는데 보다 구체적인 통사通史를 들 어보면 다음과 같다.

- 오쿠보 도시아키(大久保利謙)편 『체계 일본사총서3 정치사3(体系日本史叢書 3 政治史三)』(야마카와출판사, 1967년)
- 오쿠보 도시아키(大久保利謙) 외 편 『일본역사대계4 근대1(日本歷史大系 4 近 代 1)』(야마카와출판사, 1987년. 보급판, 제12권·제13권, 1996년)
- 도야마 시게키(遠山茂樹) 『메이지 유신(明治維新)』(이와나미서점, 1951년)
- 도야마 시게키(遠山茂樹) 『메이지 유신과 현대(明治維新と現代)』(이와나미신서, 1968년)

- 이시이 간지(石井寬治) 『대계 일본의 역사12 개국과 유신(大系日本の歷史12 開國と維新)』(소학관, 1989년)
- 반노 준지(坂野潤治) 『대계 일본의 역사13 근대 일본의 출발(大系日本の歷史13 近代日本の出発)』(소학관, 1989년)
- 다나카 아키라(田中彰) 『일본의 역사15 개국과 도막(日本の歷史15 開国と倒幕)』(슈에이샤, 1992년)
- 나카무라 데쓰(中村哲) 『일본의 역사16 메이지 유신(日本の歷史16 明治維新)』(슈에이샤, 1992년)
- 사사키 스구루(佐々木克) 『일본의 역사17 일본 근대의 출발(日本の歷史17 日本近代の出発)』(슈에이샤, 1992년)
- 이와나미 강좌(岩波講座) 『일본통사15 근세5(日本通史15 近世5)』(이와나미서점, 1995년)
- 이와나미 강좌(岩波講座) 『일본통사16 근대1(日本通史16 近代 1)』(이와나미서점, 1994년)
- 이와나미 강좌(岩波講座) 『일본통사17 근대2(日本通史17 近代2)』(이와나미서점, 1994년)

도판 출전·사진 제공자 일람(경칭 생략)

- 도교기념관東行記念館 (6페이지)
- 흑선관黒船館 (13페이지)
- 가나가와현립 역사박물관神奈川県立歷史博物館 (15페이지)
- 슈에이샤판集英社版 「일본의 역사日本の歷史」 제15권 다나카 아키라田中彰 저 『개국과 도막開国と倒幕』(1992년) (18페이지, 54페이지)
- 요코하마개항자료관横浜開港資料館 (37페이지)
- 아오키 코지青木虹二 『백성봉기총합연표百姓一揆総合年表』(산이치쇼보, 1971년) (43페이지)
- 이바라키현립 역사관茨城県立歷史館 (73페이지)
- 가고시마 역사자료센터 여명관鹿児島県歷史資料センター黎明館 (91페이지)
- 고베시립박물관神戸市立博物館 (116페이지)

- 사이타마현립박물관埼玉県立博物館 (117페이지)
- 쓰다주쿠 대학津田塾大学 (131페이지, 135페이지)
- 구메 미술관久米美術館 (139페이지)
- 아키루노시 교육위원회あきる野市教育委員会 (167페이지)
- 소학관관小学館版「일본의 역사日本の歴史」제24권 다나카 아키라田中彰 저
『메이지 유신明治維新』(1976년) (174페이지)
- 도쿄대학 법학부 부속 메이지신문잡지문고東京大学法学部附属明治新聞雑誌文
庫 (215페이지)

연표

* 1872[메이지5]년까지는 음력, 이후는 양력, ○표로 표시한 달은 윤달임

1837 (덴포8)	2 오시오 헤이하치로의 거병
1840 (덴포11)	[아편전쟁(~1842)]
1841 (덴포12)	5 막부의 덴포개혁 개시
1843 (덴포14)	6 상지령(上知令)(⑨철회)
1844 (고카1)	7 네덜란드 사절, 막부에 개국을 권함[청미 사이에서 망하(望廈) 조약체결]
1848 (가에이1)	[유럽(불·독 등) 혁명]
1851 (가에이4)	[태평천국정권 성립(~1864)]
1852 (가에이5)	8 네덜란드, 미국의 대일파견계획을 전달
1853 (가에이6)	6 페리 함대 내항 7 러시아함대 푸차친 나가사키 내항 9 막부, 대선大船 건조 금지 해제 [태평천국군, 난징점령]
1854 (안세이1)	1 페리 재방문 3 미일화친조약조인 [크리미아전쟁(~1856)]
1856 (안세이3)	[애로호 사건]
1857 (안세이4)	[인도 대반란(세포이의 반란)〈~1859〉]
1858 (안세이5)	4 이이 나오스케, 다이로가 됨 6 미일수호통상조약 조인 9 안세 이의 대옥 시작 10 도쿠가와 이에모치가 제14대 쇼군이 됨 [청 러 사이에서 아이훈조약 조인]
1860 (만엔1)	3 사쿠라다 문외의 변(桜田門外の変) ③ 5품에도회송령(五品江戸 回送令) [애로 전쟁(제2차 아편전쟁), 베이징조약체결]
1861 (분큐1)	[미국, 남북전쟁(~1865)]
1862 (분큐2)	1 사카시타 문외의 변 2 이에모치, 가즈노미야와 결혼 8 나마 무기(生麦, 생 보리) 사건 [프로이센 재상 비스마르크 집정개시 (~1890)]

1863 (분큐3)	5 조슈번, 시모노세키 해협에서 외국선 포격 7 사쓰에이 전쟁 8 8·18 정변 [링컨 노예해방선언, 조선, 대원군 집정 개시(~1873)]
1864 (겐지1)	1 참예회의(3 해체) 7 금문의 변(禁門の変) 8 시코쿠 연합함대 시모 노세키 공격 12 다카스기 신사쿠 거병
1865 (게이오1)	10 조정, 조약을 칙허. 이 해 수출입액 급증
1866 (게이오2)	1 삿초동맹 성립 5 개세약서(改稅約書) 조인 6 바쿠초전쟁(幕長戰 爭) 개시 7 이에모치 사망 12 도쿠가와 요시노부, 제15대 장군 이 됨. 고메이천황 사망. 이 해 '요나오시'봉기 고조 [보오전쟁 (普墺戰爭, 프로이센과 오스트리아제국의 전쟁)]
1867 (게이오3)	10 토막의 밀칙, 대정봉환 11 사카모토 료마 등 암살됨 12 왕정 복고의 대호령. 이 해 '아무렴 어때' 확산 [파리 만국박람회. 북 독일연방 성립. 마르크스『자본론』제1권 간행]
1868 (메이지1)	1 보신전쟁 개시 3 5개조의 서약문, 5방의 게시 7 에도가 도쿄 가 됨 9 메이지로 개원(改元)(1세 1원 제도)
1869 (메이지2)	5 보신전쟁 종결 6 판적봉환 8 에조치를 홋카이도로 개칭 [수에 즈운하 개통]
1870 (메이지3)	1 대교선포(大教宣布)의 조칙 12 신율강령(新律綱領) 포고 [보불전 쟁. 이탈리아 통일]
1871 (메이지4)	2 친병 1만명을 징집 7 폐번치현 8 산발·탈도 허가. 천칭 폐지령 11 이와쿠라 사절단, 요코하마 출항 [파리코뮌 성립. 독일 통일]
1872 (메이지5)	8 학제 제정 11 전국 징병의 조 12 개력(改曆, 12월 3일에 해당하는 날을 양력 메이지 6년 1월 1일이라고 함)
1873 (메이지6)	1 징병령 포고 7 지조개정 개시 9 이와쿠라 등 귀국 10 정한론 논쟁(사이고 다카모리 등 참의 하야) 11 내무성 설치
1874 (메이지7)	1 이타가키 등 민선의원 설립을 건백 2 사가의 난 4 입지사 창 설 5 대만 출병
1875 (메이지8)	2 오쿠보 도시미치 등 오사카 회의 4 점차(漸次) 입헌정체수립 의 조칙 6 참방률(讒謗律, 명예훼손에 대한 처벌을 정한 태정관 포고), 신 문지조례 공포 9 강화도 사건
1876 (메이지9)	2 조일수호조약 조인 8 금록공채증서발행조례 공포 10 신풍련 의 난·하기의 난 등이 이어짐. 이 해 지조개정 반대 봉기 [터키 제국헌법 공포]
1877 (메이지10)	1 지조를 지가의 2.5%로 경감 2 서남전쟁 4 도쿄대학 설립 5 기도 다카요시 사망 6 입지사 건백 9 사이고 다카모리 자결 [노토전쟁(露土戰爭, 러시아 제국과 오스만 제국과의 전쟁) 시작(~1878)]

1878 (메이지11)	5 오쿠보 도시미치 암살 7 삼신법(三新法, 군구정촌편제법·부현회규칙·지방세규칙의 총칭) 공포 8 다케바시(竹橋) 소동(도쿄 다케바시 부근에 주둔하고 있었던 대일본제국육군 근위병대가 일으킨 무장반란 사건) 12 참모본부 설치
1879 (메이지12)	4 류큐 처분(오키나와현 설치) 9 교육령 제정(자유교육령) 1881년에 걸쳐 사의헌법이 이어짐
1880 (메이지13)	3 애국사를 국회기성동맹으로 개칭 4 집회조례 공포 12 교육령 개정
1881 (메이지14)	8월 이후 우에키 에모리가 일본국국헌안 초고 작성 10 개척사 관유물 불하 중지. 1890년을 기해 국회개설의 칙유(1881년 정변). 자유당 결성
1882 (메이지15)	1 군인칙유 3 이토 히로부미 등 헌법조사를 위해 유럽으로 건너감 4 입헌개진당 결성 8 제물포조약 조인 11 후쿠시마 사건 [임오군란]
1883 (메이지16)	3 다카다 사건 7 이와쿠라 도모미 사망 8 이토 등 귀국
1884 (메이지17)	5 군마사건 7 화족령 공포 9 가바산 사건 10 자유당 해산. 지치부 사건. 나고야 사건 12 이이다 사건. 이 해에 마쓰카타 디플레 정책으로 농촌 불황 [갑신정변·청불전쟁(~1885)]
1885 (메이지18)	3 후쿠자와 유키치「탈아론」발표 4 텐진조약 조인 11 오이 겐타로 등의 오사카 사건 발각 12 내각제도 확립
1886 (메이지19)	3 제국대학령 6 시즈오카 사건 10 노르망튼호 사건
1887 (메이지20)	4 이 무렵에 로쿠메이칸에서 무도회 개최 10 3대사건 건백서 제출, 대동단결운동 12 보안조례공포. 나카에 초민 등 추방
1888 (메이지21)	4 시제·정촌제 공포. 추밀원 설치 [강유위, 청조에 처음으로 '변법자강'을 요청]
1889 (메이지22)	1 징병령 개정으로 징병유예제 폐지 2 대일본제국헌법 공포. 황실전범 제정. 연말부터 경제공황
1890 (메이지23)	5 부현제·군제 공포 7 제1회 중의원 총선거 10 교육칙어 발포 11 제1회 제국의회 소집 [비스마르크 재상에서 물러남]
1894 (메이지27)	5 기타무라 도코쿠 자살 8 청일전쟁 [갑오농민전쟁]
1895 (메이지28)	4 청일강화조약 조인. 러·불·독 삼국 간섭

IWANAMI 057

메이지 유신

초판 1쇄 인쇄 2020년 11월 10일
초판 2쇄 발행 2021년 9월 30일

저자 : 다나카 아키라
번역 : 김정희

펴낸이 : 이동섭
편집 : 이민규, 탁승규
디자인 : 조세연, 김현승, 김형주, 김민지
영업 · 마케팅 : 송정환, 조정훈
e-BOOK : 홍인표, 서찬웅, 최정수, 심민섭, 김은혜
관리 : 이윤미

㈜에이케이커뮤니케이션즈
등록 1996년 7월 9일(제302-1996-00026호)
주소 : 04002 서울 마포구 동교로 17안길 28, 2층
TEL : 02-702-7963~5   FAX : 02-702-7988
http://www.amusementkorea.co.kr

ISBN 979-11-274-4048-0 04910
ISBN 979-11-7024-600-8 04080

MEIJI ISHIN NIHON NO REKISHI Vol.7
by Akira Tanaka
Copyright © 2000, 2012 by Noriko Tanaka
Originally published in 2000 by Iwanami Shoten, Publishers, Tokyo.
This Korean print edition published 2020
by AK Communications, Inc., Seoul
by arrangement with Iwanami Shoten, Publishers, Tokyo

이 도서의 국립중앙도서관 출판예정도서목록(CIP)은 서지정보유통지원시스템 홈페이지
(http://seoji.nl.go.kr)와 국가자료공동목록시스템(http://www.nl.go.kr/kolisnet)에서 이용
하실 수 있습니다. (CIP제어번호: CIP2020044418)

*잘못된 책은 구입한 곳에서 무료로 바꿔드립니다.

일본의 지성과 양심

이와나미岩波 시리즈

001 이와나미 신서의 역사

가노 마사나오 지음 | 기미정 옮김 | 11,800원

일본 지성의 요람, 이와나미 신서!
1938년 창간되어 오늘날까지 일본 최고의 지식 교양서 시리즈로 사랑받고 있는 이와나미 신서. 이와나미 신서의 사상 · 학문적 성과의 발자취를 더듬어본다.

002 논문 잘 쓰는 법

시미즈 이쿠타로 지음 | 김수희 옮김 | 8,900원

이와나미서점의 시대의 명저!
저자의 오랜 집필 경험을 바탕으로 글의 시작과 전개, 마무리까지, 각 단계에서 염두에 두어야 할 필수사항에 대해 효과적이고 실천적인 조언이 담겨 있다.

003 자유와 규율 -영국의 사립학교 생활-

이케다 기요시 지음 | 김수희 옮김 | 8,900원

자유와 규율의 진정한 의미를 고찰!
학생 시절을 퍼블릭 스쿨에서 보낸 저자가 자신의 체험을 바탕으로, 엄격한 규율 속에서 자유의 정신을 훌륭하게 배양하는 영국의 교육에 대해 말한다.

004 외국어 잘 하는 법

지노 에이이치 지음 | 김수희 옮김 | 8,900원

외국어 습득을 위한 확실한 길을 제시!!
사전 · 학습서를 고르는 법, 발음 · 어휘 · 회화를 익히는 법, 문법의 재미 등 학습을 위한 요령을 저자의 체험과 외국어 달인들의 지혜를 바탕으로 이야기한다.

005 일본병 -장기 쇠퇴의 다이내믹스-

가네코 마사루, 고다마 다쓰히코 지음 | 김준 옮김 | 8,900원

일본의 사회·문화·정치적 쇠퇴, 일본병!
장기 불황, 실업자 증가, 연금제도 파탄, 저출산·고령화의 진행, 격차와 빈곤의 가속화 등의 「일본병」에 대해 낱낱이 파헤친다.

006 강상중과 함께 읽는 나쓰메 소세키

강상중 지음 | 김수희 옮김 | 8,900원

나쓰메 소세키의 작품 세계를 통찰!
오랫동안 나쓰메 소세키 작품을 음미해온 강상중의 탁월한 해석을 통해 나쓰메 소세키의 대표작들 면면에 담긴 깊은 속뜻을 알기 쉽게 전해준다.

007 잉카의 세계를 알다

기무라 히데오, 다카노 준 지음 | 남지연 옮김 | 8,900원

위대한 「잉카 제국」의 흔적을 좇다!
잉카 문명의 탄생과 찬란했던 전성기의 역사, 그리고 신비에 싸여 있는 유적 등 잉카의 매력을 풍부한 사진과 함께 소개한다.

008 수학 공부법

도야마 히라쿠 지음 | 박미정 옮김 | 8,900원

수학의 개념을 바로잡는 참신한 교육법!
수학의 토대라 할 수 있는 양·수·집합과 논리·공간 및 도형·변수와 함수에 대해 그 근본 원리를 깨우칠 수 있도록 새로운 관점에서 접근해본다.

009 우주론 입문 -탄생에서 미래로-

사토 가쓰히코 지음 | 김효진 옮김 | 8,900원

물리학과 천체 관측의 파란만장한 역사!
일본 우주론의 일인자가 치열한 우주 이론과 관측의 최전선을 전망하고 우주와 인류의 먼 미래를 고찰하며 인류의 기원과 미래상을 살펴본다.

010 우경화하는 일본 정치

나카노 고이치 지음 | 김수희 옮김 | 8,900원

일본 정치의 현주소를 읽는다!
일본 정치의 우경화가 어떻게 전개되어왔으며, 우경화를 통해 달성하려는 목적은 무엇인가. 일본 우경화의 전모를 낱낱이 밝힌다.

011 악이란 무엇인가

나카지마 요시미치 지음 | 박미정 옮김 | 8,900원

악에 대한 새로운 깨달음!
인간의 근본악을 추구하는 칸트 윤리학을 철저하게 파고든다. 선한 행위 속에 어떻게 악이 녹아들어 있는지 냉철한 철학적 고찰을 해본다.

012 포스트 자본주의 -과학·인간·사회의 미래-

히로이 요시노리 지음 | 박제이 옮김 | 8,900원

포스트 자본주의의 미래상을 고찰!
오늘날 「성숙·정체화」라는 새로운 사회상이 부각되고 있다. 자본주의·사회주의·생태학이 교차하는 미래 사회상을 선명하게 그려본다.

013 인간 시황제

쓰루마 가즈유키 지음 | 김경호 옮김 | 8,900원

새롭게 밝혀지는 시황제의 50년 생애!
시황제의 출생과 꿈, 통일 과정, 제국의 종언에 이르기까지 그 일생을 생생하게 살펴본다. 기존의 폭군상이 아닌 한 인간으로서의 시황제를 조명해본다.

014 콤플렉스

가와이 하야오 지음 | 위정훈 옮김 | 8,900원

콤플렉스를 마주하는 방법!
「콤플렉스」는 오늘날 탐험의 가능성으로 가득 찬 미답의 영역, 우리들의 내계, 무의식의 또 다른 이름이다. 융의 심리학을 토대로 인간의 심층을 파헤친다.

015 배움이란 무엇인가

이마이 무쓰미 지음 | 김수희 옮김 | 8,900원

'좋은 배움'을 위한 새로운 지식관!
마음과 뇌 안에서의 지식의 존재 양식 및 습득 방식, 기억이나 사고의 방식에 대한 인지과학의 성과를 바탕으로 배움의 구조를 알아본다.

016 프랑스 혁명 -역사의 변혁을 이룬 극약-

지즈카 다다미 지음 | 남지연 옮김 | 8,900원

프랑스 혁명의 빛과 어둠!
프랑스 혁명은 왜 그토록 막대한 희생을 필요로 하였을까. 시대를 살아가던 사람들의 고뇌와 처절한 발자취를 더듬어가며 그 역사적 의미를 고찰한다.

017 철학을 사용하는 법

와시다 기요카즈 지음 | 김진희 옮김 | 8,900원

철학적 사유의 새로운 지평!

숨 막히는 상황의 연속인 오늘날, 우리는 철학을 인생에 어떻게 '사용'하면 좋을까? '지성의 폐활량'을 기르기 위한 실천적 방법을 제시한다.

018 르포 트럼프 왕국 -어째서 트럼프인가-

가나리 류이치 지음 | 김진희 옮김 | 8,900원

또 하나의 미국을 가다!

뉴욕 등 대도시에서는 알 수 없는 트럼프 인기의 원인을 파헤친다. 애팔래치아산맥 너머, 트럼프를 지지하는 사람들의 목소리를 가감 없이 수록했다.

019 사이토 다카시의 교육력 -어떻게 가르칠 것인가-

사이토 다카시 지음 | 남지연 옮김 | 8,900원

창조적 교육의 원리와 요령!

배움의 장을 향상심 넘치는 분위기로 이끌기 위해 필요한 것은 가르치는 사람의 교육력이다. 그 교육력 단련을 위한 방법을 제시한다.

020 원전 프로파간다 -안전신화의 불편한 진실-

혼마 류 지음 | 박제이 옮김 | 8,900원

원전 확대를 위한 프로파간다!

언론과 광고대행사 등이 전개해온 원전 프로파간다의 구조와 역사를 파헤치며 높은 경각심을 일깨운다. 원전에 대해서, 어디까지 진실인가.

021 허블 -우주의 심연을 관측하다-

이에 마사노리 지음 | 김효진 옮김 | 8,900원

허블의 파란만장한 일대기!

아인슈타인을 비롯한 동시대 과학자들과 이루어낸 허블의 영광과 좌절의 생애를 조명한다! 허블의 연구 성과와 인간적인 면모를 살펴볼 수 있다.

022 한자 -기원과 그 배경-

시라카와 시즈카 지음 | 심경호 옮김 | 9,800원

한자의 기원과 발달 과정!

중국 고대인의 생활이나 문화, 신화 및 문자학적 성과를 바탕으로, 한자의 성장과 그 의미를 생생하게 들여다본다.

023 지적 생산의 기술

우메사오 다다오 지음 | 김욱 옮김 | 8,900원

지적 생산을 위한 기술을 체계화!
지적인 정보 생산을 위해 저자가 연구자로서 스스로 고안하고 동료들과 교류하며 터득한 여러 연구 비법의 정수를 체계적으로 소개한다.

024 조세 피난처 -달아나는 세금-

시가 사쿠라 지음 | 김효진 옮김 | 8,900원

조세 피난처를 둘러싼 어둠의 내막!
시민의 눈이 닿지 않는 장소에서 세 부담의 공평성을 해치는 온갖 악행이 벌어진다. 그 조세 피난처의 실태를 철저하게 고발한다.

025 고사성어를 알면 중국사가 보인다

이나미 리쓰코 지음 | 이동철, 박은희 옮김 | 9,800원

고사성어에 담긴 장대한 중국사!
다양한 고사성어를 소개하며 그 탄생 배경인 중국사의 흐름을 더듬어본다. 중국사의 명장면 속에서 피어난 고사성어들이 깊은 울림을 전해준다.

026 수면장애와 우울증

시미즈 데쓰오 지음 | 김수회 옮김 | 8,900원

우울증의 신호인 수면장애!
우울증의 조짐이나 증상을 수면장애와 관련지어 밝혀낸다. 우울증을 예방하기 위한 수면 개선이나 숙면법 등을 상세히 소개한다.

027 아이의 사회력

가도와키 아쓰시 지음 | 김수회 옮김 | 8,900원

아이들의 행복한 성장을 위한 교육법!
아이들 사이에서 타인에 대한 관심이 사라져가고 있다. 이에 「사람과 사람이 이어지고, 사회를 만들어나가는 힘」으로 「사회력」을 제시한다.

028 쑨원 -근대화의 기로-

후카마치 히데오 지음 | 박제이 옮김 | 9,800원

독재 지향의 민주주의자 쑨원!
쑨원, 그 남자가 꿈꾸었던 것은 민주인가, 독재인가? 신해혁명으로 중화민국을 탄생시킨 희대의 트릭스터 쑨원의 못다 이룬 꿈을 알아본다.

029 중국사가 낳은 천재들

이나미 리쓰코 지음 | 이동철, 박은희 옮김 | 8,900원

중국 역사를 빛낸 56인의 천재들!
중국사를 빛낸 걸출한 재능과 독특한 캐릭터의 인물들을 연대순으로 살펴본다. 그들은 어떻게 중국사를 움직였는가?!

030 마르틴 루터 -성서에 생애를 바친 개혁자-

도쿠젠 요시카즈 지음 | 김진희 옮김 | 8,900원

성서의 '말'이 가리키는 진리를 추구하다!
성서의 '말'을 민중이 가슴으로 이해할 수 있도록 평생을 설파하며 종교개혁을 주도한 루터의 감동적인 여정이 펼쳐진다.

031 고민의 정체

가야마 리카 지음 | 김수희 옮김 | 8,900원

현대인의 고민을 깊게 들여다본다!
우리 인생에 밀접하게 연관된 다양한 요즘 고민들의 실례를 들며, 그 심층을 살펴본다. 고민을 고민으로 만들지 않을 방법에 대한 힌트를 얻을 수 있을 것이다.

032 나쓰메 소세키 평전

도가와 신스케 지음 | 김수희 옮김 | 9,800원

일본의 대문호 나쓰메 소세키!
나쓰메 소세키의 작품들이 오늘날에도 여전히 사람들의 마음을 매료시키는 이유는 무엇인가? 이 평전을 통해 나쓰메 소세키의 일생을 깊이 이해하게 되면서 그 답을 찾을 수 있을 것이다.

033 이슬람문화

이즈쓰 도시히코 지음 | 조영렬 옮김 | 8,900원

이슬람학의 세계적 권위가 들려주는 이야기!
거대한 이슬람 세계 구조를 지탱하는 종교·문화적 밑바탕을 파고들며, 이슬람 세계의 현실이 어떻게 움직이는지 이해한다.

034 아인슈타인의 생각

사토 후미타카 지음 | 김효진 옮김 | 8,900원

물리학계에 엄청난 파장을 몰고 왔던 인물!
아인슈타인의 일생과 생각을 따라가보며 그가 개척한 우주의 새로운 지식에 대해 살펴본다.